新能源汽车研究与开发丛书

新能源汽车诊断 UDS 协议及实现

向　满　童维勇　编著

机械工业出版社
CHINA MACHINE PRESS

本书结合汽车电控系统软件中的BootLoader程序和上位机及脚本介绍UDS的使用场景,并深入讲解其功能,分为基础篇、核心篇、提升篇三部分。主要内容包括新能源汽车电控系统基础知识、基于CAN/LIN总线的通信协议、UDS协议栈架构、基于UDS的BootLoader、通过脚本实现UDS客户端通信、UDS测试等内容。

本书首先介绍新能源汽车电控系统基础、常用总线通信协议和UDS基础知识,让读者站在电控系统的角度了解UDS等协议栈的作用和诊断的相关知识,然后根据ISO 15765和ISO 14229标准的内容从使用者的角度对标准的实现进行详细的解释,最后在诊断协议的基础上以BootLoader程序和上位机及脚本的实现讲解其在客户端和服务器端的应用及其测试环境。

本书适合具有一定车载嵌入式软件开发和测试基础知识的读者,也可作为普通高等院校汽车相关专业的本科生或研究生学习汽车嵌入式软件开发的参考书,亦可供汽车电子行业软件工程师、总线网络开发工程师和总线测试工程师学习和参考。

图书在版编目(CIP)数据

新能源汽车诊断UDS协议及实现 / 向满,童维勇编著．
北京:机械工业出版社,2024.8(2025.6重印)．--(新能源汽车研究与开发丛书)．-- ISBN 978-7-111-76207-2

Ⅰ.U463.6

中国国家版本馆CIP数据核字第2024SZ0222号

机械工业出版社(北京市百万庄大街22号　邮政编码100037)
策划编辑:舒　恬　　　　　　　责任编辑:舒　恬　王　婕
责任校对:高凯月　李可意　景　飞　　封面设计:马精明
责任印制:常天培
河北虎彩印刷有限公司印刷
2025年6月第1版第3次印刷
169mm×239mm · 14印张 · 263千字
标准书号:ISBN 978-7-111-76207-2
定价:99.90元

电话服务　　　　　　　网络服务
客服电话:010-88361066　机 工 官 网:www.cmpbook.com
　　　　　010-88379833　机 工 官 博:weibo.com/cmp1952
　　　　　010-68326294　金 书 网:www.golden-book.com
封底无防伪标均为盗版　机工教育服务网:www.cmpedu.com

前　言

为推动新能源汽车产业高质量发展，2020 年 10 月，国务院办公厅印发《新能源汽车产业发展规划（2021—2035 年）》，确定了未来新能源汽车将继续向电动化、网联化、智能化方向深入发展，新能源汽车及其配套产业将迎来新一轮爆发。

在汽车"新四化"的发展趋势下，整车电子电气架构逐渐从分散走向集中，域控制器或区域控制器成为下一代整车电控系统的核心。面对整车电子电气架构的不断升级，AUTOSAR 架构已经成为具备功能安全要求的分布式电子控制单元和域控制器的主流软件架构。

随着诊断、OTA、智能驾驶、娱乐等功能需求的增长，其对整车通信带宽的要求日益增加，车载以太网成为下一代汽车的主要通信技术。由此，在汽车行业也提出了 SOA（Service-Oriented Architecture）架构，即面向服务的架构。

UDS（Unified Diagnostic Service）即统一诊断服务，是一套为所有车辆提供统一诊断的应用层服务，已经成为新能源汽车电子控制单元的必备能力。未来，汽车将面向不同场景、不同应用和不同用户提供差异化的功能，和手机一样提供功能升级，在此背景下，UDS 的作用更为凸显。目前汽车 OTA 技术就是以 UDS 为基础来实现车辆远程升级。

本书是作者多年在引导程序、基础软件及工具链开发经验的基础上应用 UDS 的总结。本书分为基础篇、核心篇和提升篇。基础篇包括第 1 章至第 3 章，从基础入手，便于读者了解汽车电控系统和 UDS 在电控系统软件中的作用。第 1 章介绍汽车电控系统的基础知识和目前广泛使用的软件架构及功能安全的概念；第 2 章介绍常用的车载总线通信技术以及基于车载总线通信技术的应用；第 3 章介绍 OBD 和 UDS 两种诊断协议的基础知识和参考标准。核心篇包括第 4 章至第 7 章，重点介绍 UDS 的核心知识。第 4 章介绍 UDS 协议栈架构，包括分层架构和数据流分析等；第 5 章基于恩智浦 S32K144 芯片介绍 CAN 驱动层及其实现；第 6 章重点解析了 UDS 协议栈中 TP 层的标准及其实现；第 7 章重点介绍了 UDS 协议栈中诊断应用层及其实现。提升篇包括第 8 章至第 10 章，介绍基于 UDS 的应用和测试以及 PC 端上位机 / 脚本的开发。第 8 章介绍了基于 UDS 的 BootLoader 的原理和实现；第 9 章介绍了基于 Python 语言的 UDS 的脚本开发，让读者了解 PC 端软件的原理和架构；第 10 章介绍了基于 Vector 工具链的 UDS 测试环境和测试流程。

本书由向满和童维勇编写，由童维勇先生审阅。童维勇先生是中国自动化学会会员，自动化专业副高级职称，有多年世界 500 强外资企业研发管理经验，并在国内新能源汽车知名企业担任研发总监等职务，持有多项授权专利并承担深圳市技术攻关项目。

本书在编写过程中力求逻辑严谨和内容正确，相关代码都经过测试，并在实际项目中使用。但是由于编者水平有限、编写时间紧张，难免有表达不清晰、逻辑不严谨和内容错误之处，敬请读者指正。

编　者

目 录

前言

基础篇

核心篇

提升篇

基础篇

第 1 章

汽车电控系统

汽车电控系统是汽车上所有电子控制系统的统称。目前，平均每台汽车至少有 25 个以上的电子控制单元，部分高端车型甚至有超过 100 个电子控制单元，并且这一数字还在不断增加。

安全、环保及节能是汽车技术发展的根本原因。从汽车成为人类代步工具起，汽车的制动安全、驱动安全和行驶安全就成为影响道路交通安全的主要因素之一。二十一世纪，新能源汽车得到爆发式发展。目前全球主要汽车生产大国均制定了削减或剔除传统燃油汽车销售的计划，可以预见，未来新能源汽车将逐步取代传统燃油车辆成为汽车市场的主流产品。

嵌入式系统、集成电路技术、车载总线技术、传感技术、计算机技术等电子信息技术的进步推动了汽车技术向集成化与智能化发展。其中比较典型的特点如：

1）电控系统的应用提升了车辆的安全性、舒适性和个性化。

2）将传统单一控制单元的功能集成到一个电控系统中，提升系统可靠性。

3）随着以太网等通信技术应用在汽车上，电控系统能处理越来越多的信号。

4）将汽车技术和 IT 技术结合，催生了智能驾驶等新技术的应用。

5）集成电路和传感技术的发展，使现代电控系统能将分布式的电子控制单元集成起来，形成一个域控系统。

1.1 汽车电控系统介绍

电池、电机、电控被称为"三电"技术，是新能源汽车的核心技术。其中电控即为本章所述的电控系统。

1.1.1 电控系统架构

1. 电控系统架构

电控系统的架构如图 1-1 所示。

图1-1　电控系统架构

所有电控系统都包含三部分，即：信号输入、电子控制单元和执行元件。

2. 一种电子泵的电控架构

图1-2所示为一种电子泵电控系统，其主要包含如下模块：

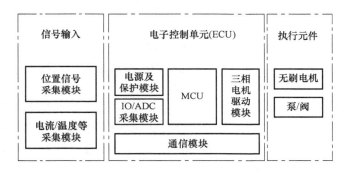

图1-2　电子泵电控系统架构框图

1）信号输入：包含位置信号采集模块、电流采集模块、温度采集模块等。

2）电子控制单元：包含电源及保护模块、IO采集模块、ADC采集模块、MCU、通信模块、三相电机驱动模块等。

3）执行元件：直接受ECU驱动的无刷电机以及与电机相连的泵与阀等。

1.1.2　工作原理

1. 电控系统原理

电控系统的信号输入部分通常为各种传感器，其作用是采集电子控制单元所需的信息，并将其转换成ECU可以识别的电信号。常见的信号有数字I/O、模拟信号、脉宽调试信号PWM和通信信号（如SPI、UART、CAN、LIN）等。

传感器在汽车上的应用已经非常广泛，底盘、车身、电气系统等采用的传感器超过一百种。如发动机上的进气压力传感器、空气流量传感器、节气门位置传感器、曲轴角度传感器、氧传感器、进气温度传感器、水温传感器、机油温度传感器和爆燃传感器等，底盘系统上的车速传感器、里程表传感器、温度传感器、转角传感器、转矩传感器、液压传感器等，车身悬架上的碰撞传感器、车身高度传感器、侧倾角传感器、加速度传感器等。

电子控制单元（ECU）为传感器提供参考电压，接收传感器输入的电信号，或对其他输入信号进行转换，并对所接受的信号进行分析和计算处理，根据分析计算处理的结果，向执行元件或被控对象发出指令或者输出控制信号。电子控制单元一般由硬件和软件两部分组成，硬件主要由微控制器和外围电路等组成，软件由硬件抽象层、服务层、嵌入式操作系统及应用层组成。

电子控制单元是一个集信号采集、逻辑处理、电控算法（SOC 算法、电机控制算法等）、通信处理、存储单元、输出控制等软硬件的结合体，也是电控系统的核心部分。不同于消费电子和工业电子领域，汽车电子控制单元的硬件和软件都有严格的设计验证标准，软件与硬件设计能力也是汽车零部件企业的核心竞争力。

执行元件直接驱动受控对象的部件，通常有继电器、电动机、液压或气动元件，如电子泵系统中的电机以及与电机相连接的泵与阀的组合。

2. 电子泵电控系统原理

图 1-2 中的电子泵电控系统可用于电子油泵或电子水泵。其工作原理是：电子控制单元的通信模块通过 CAN/LIN 总线接收到驱动命令后，MCU 对采集到的温度信号、无刷电动机位置信号、电流信号等进行逻辑处理和算法分析，输出三组互补的 PWM 波，驱动无刷直流电动机运转；并根据位置信号、电流信号等处理电动机运转过程中的故障，如果产生故障或收到停止驱动的命令，将停止驱动电动机；与电动机相连的泵或阀由特殊的机械结构随着电动机一起运转，从而带动油或水在回路中运动。

3. 新能源汽车动力系统架构

图 1-3 所示为新能源汽车动力系统架构。区别于传统燃油车通过发动机和变速器驱动汽车的运动方式，新能源汽车依靠电池、电机和电控三大核心部件驱动。动力电池为汽车提供电力能源，电机接收动力电池的能量，在整车控制器指令的驱动下工作，从而驱动汽车行驶。

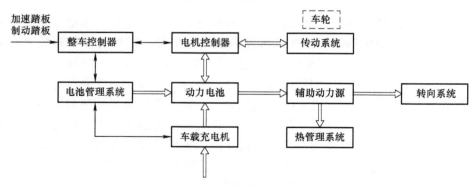

图 1-3　新能源汽车动力系统架构

动力电池作为新能源汽车的动力核心，直接影响汽车的续驶里程。动力电池的容量、使用寿命、安全性等因素也是影响新能源汽车技术进步的关键因素。

1.1.3　分类

电控系统主要应用于汽车动力总成电子系统、底盘电子系统、车身电子系统以及信息娱乐系统中。

传统汽车的动力总成电子系统主要包含发动机管理系统和自动变速器控制系统等。新能源汽车的动力系统包含整车控制器（VCU）、混合动力控制单元（HCU）、驱动电机控制器（MCU）、电池管理系统（BMS）、燃料电池控制系统等。

底盘电子系统包含牵引力控制系统、电子稳定控制系统、电控悬架系统、定速巡航系统、自适应巡航控制系统、电动助力转向系统、防抱死制动控制系统、电子制动力分配系统、电子控制制动辅助系统、自动紧急制动系统、车道偏离预警系统、车道保持辅助系统等。

车身电子系统包含自动暖风空调系统、安全气囊系统、转向盘离手监测系统、胎压监测系统、座椅位置调节控制系统、车距过近警告系统、倒车雷达警告系统、前部碰撞预警系统、盲点监测系统、停车辅助系统、中央门锁控制系统、防盗报警系统、自适应前照灯系统、夜视辅助系统、疲劳驾驶预警系统等。

信息娱乐系统包含车载导航系统、汽车音响和收音机、抬头显示、中控系统等。

动力总成电子系统主要保证行车驱动和汽车在不同工况下的运行。底盘电子系统包含了传动系统、行驶系统、转向系统、制动系统等功能。车身电子控制系统主要用于提升汽车安全性和舒适性。信息娱乐系统主要用于提升驾乘人员的舒适便利性。随着电子及 IT 技术在汽车上的应用越来越广泛，汽车电子的应用前景将越来越广阔。

1.1.4　发展情况

汽车电子控制系统经历了三个主要的发展阶段：机械控制、机械电子控制、分布式电子控制系统。未来集中式控制系统是发展趋势。

1. 机械控制

在汽车发展的早期阶段，汽车控制技术仅仅建立在简单的机械和电气系统控制的基础上。这时的控制系统并不能完整包含目前电控系统的基本元素单元。依靠机械结构和简单的电气系统控制，仅能实现机械调节和简单的电压与电流的调节。

2. 机械电子控制

随着晶体管技术的发展和电子信息技术的提升，以汽油机点火系统为代表的电子控制系统被广泛采用，有效提升了机械控制系统的性能。但是在这个阶段，仍然是以机械系统为基础的。

3. 分布式电子控制系统

集成电路的发展使得电子信息技术以及嵌入式系统技术在汽车 ECU 中逐步采用，在传统汽车还没有引入汽车总线技术（CAN 总线、LIN 总线）时，各个 ECU 之间的信息交互需要数量庞大的数据线，电子电气架构十分复杂，如图 1-4 所示。

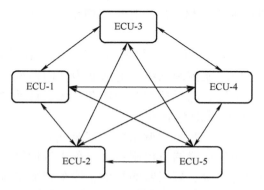

图 1-4　没有引入汽车总线技术的控制系统架构

当汽车 CAN/LIN 总线技术出现之后，各个功能模块的数据交互依靠总线传输，各个 ECU 之间的电气连接逐渐减少，整车电子电气结构得以简化。

图 1-5 所示为引入汽车总线技术的控制系统架构，它是一种典型的分布式电子电气架构。在分布式电子电气架构中，同一网段的各个 ECU 通过汽车总线连接，信息交互通过总线传输，各功能模块分工明确，整车电子电气架构清晰，各个 ECU 相互独立；不同网段的 ECU 之间通过网关交互信息，网关可以将不同网络，不同传输速率的数据通过路由功能转发到另外一个网段。分布式电子电气架构能统一协调各个功能模块工作，在相当长一段时间内，汽车都采用了这种电子电气架构。

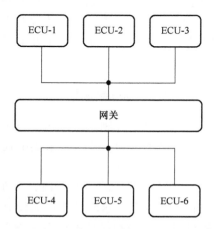

图 1-5　引入汽车总线技术的控制系统架构

4. 集中式控制系统

电动化、智能化、网联化、共享化已经成为下一阶段汽车产业的发展方向。随着"软件定义汽车"时代的到来，以自动驾驶，智能网联、智慧交通等为代表的新技术将驱动汽车技术的新一轮变革。

为了支撑汽车产业的"四化"和未来以软件为核心的汽车先进技术发展，汽车电子电气架构必须满足包括高计算性能、高通信宽带、高功能安全性、高信息安全性、软件持续更新等新需求。汽车分布式电子电气架构受限于计算机计算能力、通信带宽、升级方式传统等诸多因素，无法满足下一代汽车的需求。基于软件集中化和域控制器的集中式电子电气架构将成为未来汽车电子电气架构的发展方向。

集中式控制系统从域控制器开始，将分布式系统中多个控制功能集中起来，由一个功能强大的电子控制单元来控制。当前，域控制器仍处于发展初期，其方案可分为两种：基于功能域的集中化方案和域融合集中化方案。基于功能域的集中化方案即为每个功能域设置一个域控制器，域控制器之间通过以太网进行连接。功能域内的车辆层级功能和域内顶层协调控制功能集中于控制器中。域融合集中化方案是一种既实现集中化方案，又不导致整车电子电气系统物料成本大幅增加的方案，即将两个或多个集成型域控制器合并为一个的方案。

如图 1-6 所示，引入新的电子电气架构和新的总线技术后，更少的域控制器承载了更多的整车控制功能。

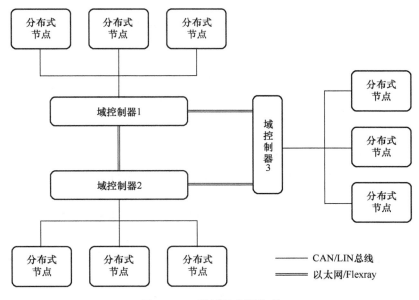

图 1-6　一种域控制器架构

根据 2017 年德国博世公布其在整车电子电气架构方面的战略，博世将整车电子电气架构的发展分为三大类，分别是模块化和集成化架构方案（分布式）、集中化和域融合架构方案及车载计算机和车 - 云计算架构方案，如图 1-7 所示。目前市面上大多数车型的架构方案都位于模块化和集成化架构方案。

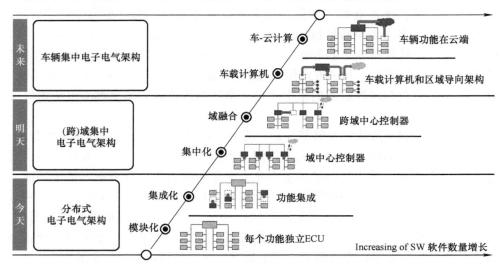

图 1-7　博世电子电气架构战略

1.2　汽车电控系统开发

控制器是汽车电子控制系统的核心，汽车行驶安全关乎驾乘人员的生命，因此汽车电控系统的开发必须遵循完整的流程，以满足安全设计的要求。控制器的核心是硬件和软件，随着汽车上电子控制单元的增多，对软、硬件的设计要求越来越高。

目前，汽车软件和硬件通常按照"V"流程开发，几乎所有主机厂（OEM）都要求其零部件配套供应商也按照这种流程进行软硬件开发，并制定了相关验收标准。

图 1-8 所示为 ASPICE 对软件开发流程的要求。各步骤的目的如下：

1）需求挖掘：用于从客户获取客户需求，并确认需求被正确理解。

2）系统需求分析：将已定义的客户需求转换为一组系统需求，用以指导系统设计。

3）系统架构设计：建立系统架构，确定将哪些需求分配给系统元素，并根据定义的标准评估所设计的系统架构。

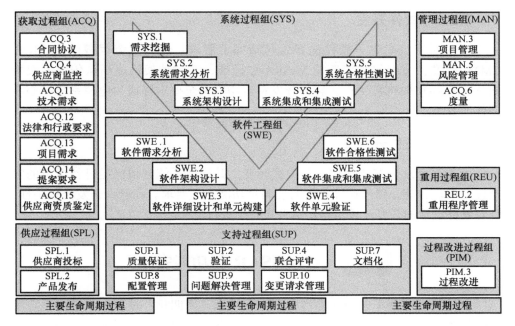

图 1-8　软件开发 "V" 流程

4）软件需求分析：将系统需求相关的部分转换为一组软件需求。

5）软件架构设计：建立一个架构设计和确定将哪些软件需求分配给软件的哪些元素，并根据定义的标准评估软件架构。

6）软件详细设计和单元构建：即为软件详细设计，如编码建模等。

7）软件单元验证：目的是验证软件单元是否符合软件详细设计和非功能性软件需求。

8）软件集成和集成测试：将软件单元集成到更大的软件项目中，直到形成与软件架构设计一致的完整集成软件，并确保软件项目是经过测试的，可以证明包括软件单元之间和软件项目之间的接口在内的集成软件项目符合软件架构设计。

9）软件合格性测试：确保集成的软件已经通过了测试并满足软件需求。

10）系统集成和集成测试：集成系统项以生成集成系统，符合系统架构设计并确保系统项被测试，用以证明集成的系统项与系统架构设计的一致性。

11）系统合格性测试：确保集成的系统已经通过了测试，为符合系统要求和系统准备交付提供依据。

随着消费者的安全需求和舒适享受等要求越来越高，对车载电控系统的要求也越来越高，特别是软件和硬件设计。软件和硬件设计相互关联，直接影响了电控系统的性能。

1.2.1　软件开发

目前对于汽车电子软件的开发包括如下要求：①开发流程遵循 ASPICE/CMMI 标准；②编码规范遵循 MISRA-C 标准；③软件架构逐渐从传统的架构向 AUTOSAR 架构转变；④软件开发符合功能安全要求已成为电控系统核心零部件的要求。

1.2.2　硬件开发

电控系统从分布式架构向集中式转变，其硬件系统必须满足日益严苛的安全性要求。目前，硬件设计首先需要满足功能安全要求。和软件开发流程一样，针对硬件设计的开发流程也将在 ASPICE 中进行定义。

1.3　AUTOSAR 和功能安全

在传统燃油汽车向新能源汽车转变和汽车"新四化"过程中，电控系统所占的整车成本越来越高，电控系统也成为汽车各方面功能扩展和性能提升的重要支撑。面对日益复杂多样的电子电气架构、更复杂功能需求和安全性要求，高可复用性和高安全性的软硬件技术是解决这一问题的关键。AUTOSAR 软件架构和功能安全的概念在这一背景下产生并被广泛采用。

1.3.1　AUTOSAR 架构介绍

AUTOSAR 规范主要包括 AUTOSAR 分层架构、AUTOSAR 方法论和 AUTOSAR 应用接口。AUTOSAR 软件架构和传统软件架构相比体现在如下优势：

1）提高了软件可复用度，尤其是跨平台的复用度。

2）更便于软件交换与更新。

3）软件功能可以进行先期架构级别的定义和验证，从而减少开发中的错误。

4）减少了手工代码量，减轻测试负担，提高了软件质量。

5）方便 OEM 对所有电控系统进行整合，做到从上到下的开发。

AUTOSAR 的分层架构如图 1-9 所示。

AUTOSAR 应用软件层包含多个软件组件，软件组件间通过端口进行交互。每个软件组件包含多个运行实体，运行实体中封装了控制逻辑与算法。

AUTOSAR 运行时环境（RTE）作为应用软件层与基础软件层交互的桥梁，也是实现软硬件分离的重要一层。RTE 可以实现软件组件间、基础软件间以及软件组件与基础软件之间的通信。RTE 封装了基础软件层的通信和服务，为应用层提供了标准化的基础软件和通信接口。RTE 还抽象了 ECU 之间的通信。

图 1-9 AUTOSAR 的分层架构

AUTOSAR 基础软件层分为微控制抽象层、ECU 抽象层、服务层、复杂驱动。它们又由一系列的基础软件组件组成，包含系统服务、存储服务、通信服务等。

图 1-10 所示为 Vector 公司的 AUTOSAR 架构，本文所述的 UDS 相关内容即处于基础软件层部分（图 1-10 中的虚线框）。

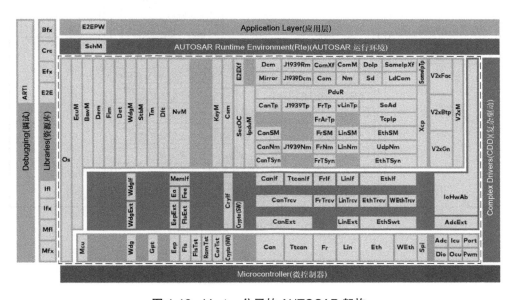

图 1-10 Vector 公司的 AUTOSAR 架构

1.3.2 功能安全概念介绍

ISO 26262 是针对汽车电子电气系统的功能安全标准，涉及汽车电子电气系统的整个安全生命周期及其管理过程，其最终目的便是确保安全，避免因汽车电子电气系统故障而导致的不合理风险。

图 1-11 所示为 ISO 26262 的流程框架。其核心是：①功能安全管理，为产品开发的每个阶段建立安全开发管理架构，包括整体安全管理、概念阶段和产品开发过程中的安全管理和相关项生产发布后的安全管理；②提供了汽车生命周期（管理、研发、生产、运行、服务、拆解）和生命周期中必要的改装活动；③提供了决定风险等级的具体风险评估方法（汽车安全完整性等级 ASIL）；④通过使用 ASIL 方法来确定获得可接受的残余风险的必要安全需求；⑤提供了确保获得足够的和可接受的安全等级的有效性和确定性措施。

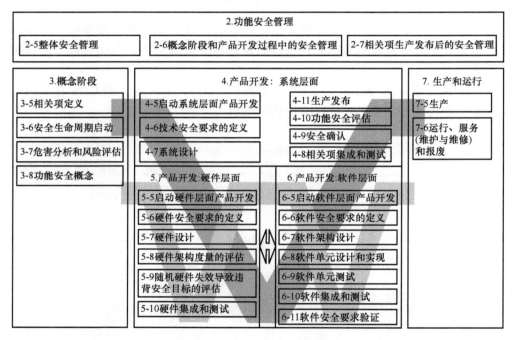

图 1-11　ISO 26262 的流程框架

第 2 章

车载总线通信介绍

第 1 章节介绍了不同的汽车电子电气架构。从汽车电子电气架构的发展来看，汽车总线技术在汽车电子电气架构的发展中起着关键作用，无论分布式电子电气架构还是如今重点发展的集中式电子电气架构，都离不开总线技术的支持。

本章将重点介绍汽车总线技术及基于汽车总线技术的应用协议。当前，CAN 总线和 LIN 总线仍是主要的车载总线通信的载体，由于开发成本及其他原因，其他高速网络通信技术仍处于发展阶段。因此本章节仍重点介绍基于 CAN/LIN 网络的总线通信技术及其应用。

2.1　CAN 总线和 LIN 总线通信基础

图 2-1 所示为一种汽车网络控制系统架构。由于电控单元对网络信息传输的实时性要求不同，如发动机控制器、变速器控制器等对信号的延时时间要求非常苛刻，而车灯、后视镜等命令传输的要求较为宽松，而总线通信时更加关注负载率，因此通常采用 CAN 网络和 LIN 网络结合的方式共同组成整车通信网络。

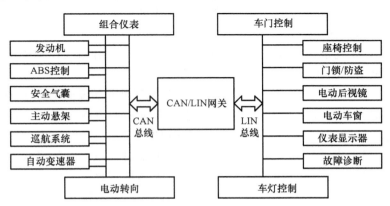

图 2-1　一种汽车网络控制系统架构

一般而言，对通信命令延时要求较高的节点使用 CAN 总线通信，通信速率为 250kbits/s 或 500kbits/s，对信号延时要求较低会功能单一的节点使用 LIN 总线通信，通信速率为 20kbits/s 以内。

常见的汽车总线通信技术见表 2-1，CAN 总线通信和 LIN 总线通信仍是当前阶段汽车电控系统采用的主要通信技术。未来，CANFD 以及车载以太网等总线通信技术在集中式电子电气架构下将得到越来越广泛的应用。

表 2-1 常见的汽车总线通信技术

总线名称	通信速度	通信介质	成本	应用范围
LIN	20kb/s（车身）	单线缆	低	灯光、门锁、电动座椅等
CAN	（125kb ~ 1Mb）/s（状态信息）	非屏蔽双绞线	低	汽车空调、电子指示、故障诊断等
CANFD	5Mb/s	非屏蔽双绞线	低	汽车空调、电子指示、故障诊断等
FlexRay	1 ~ 10Mb/s（实时控制）	双绞线 / 光纤	中	发动机控制、ABS、悬架控制、线控转向等
MOST/1394	150Mb/s	双绞线 / 光纤	高	汽车导航系统、多媒体娱乐等
LVDS	850Mb/s	双绞线串 / 并行	低	车载摄像头
TTP/C	10Mb/s	双绞线 / 光纤	高	安全关键领域、航空电子设备或汽车领域 X-by-Wire 应用
Ethernet	1Gb/s	非屏蔽双绞线	低	汽车多媒体通信、主干网和诊断

2.1.1 CAN 总线基础

CAN 总线是控制器局域网络（Controller Area Network，CAN）的简称，是由汽车电子产品研发生产巨头德国 BOSCH 公司开发的，并最终成为国际标准（ISO 11898），是国际上应用最广泛的现场总线之一。

1. CAN 总线的特点

CAN 总线既是一种现场总线，也是一种有效支持分布式控制或实时控制的串行通信网络，CAN 总线网络具有如下特点。

1）多主控制：在总线空闲时，所有的单元都可开始发送消息（多主控制），最先访问总线的单元可获得发送权；当多个单元同时开始发送时，发送高优先级标识符（Identifier，ID）消息的单元可获得发送权。

2）消息的发送：在 CAN 协议中，所有的消息都以固定的格式发送。总线空闲时，所有与总线相连的单元都可以开始发送新消息。当两个以上的单元同时开始发送消息时，根据 ID 决定优先级。ID 并不表示发送的目的地址，而是表示访问总线的消息的优先级。当两个以上的单元同时开始发送消息时，对各消息 ID 的每个位进行逐个仲裁比较。仲裁获胜（被判定为优先级最高）的单元可继续发送消息，仲裁失利的单元则立刻停止发送而进行接收工作。

3）系统的柔软性：与总线相连的单元没有类似"地址"的信息。因此在总线上增加单元时，连接在总线上的其他单元的软硬件及应用层都不需要改变。

4）通信速度：根据整个网络的规模，可设定适合的通信速度。在同一网络中，所有单元必须设定成统一的通信速度。即使有一个单元的通信速度与其他的不一样，此单元也会输出错误信号，妨碍整个网络的通信。不同网络间则可以有不同的通信速度。

5）远程数据请求：可通过发送"遥控帧"请求其他单元发送数据。

6）错误检测功能，错误通知功能，错误恢复功能：所有的单元都可以检测错误，检测出错误的单元会立即同时通知其他所有单元；正在发送消息的单元一旦检测出错误，会强制结束当前的发送。强制结束发送的单元会不断反复地重新发送此消息直到成功发送为止。

7）故障封闭：CAN 总线可以判断出错误的类型是总线上暂时的数据错误（如外部噪声等）还是持续的数据错误（如单元内部故障、驱动器故障、断线等）。当总线上发生持续数据错误时，可将引起此故障的单元从总线上隔离出去。

8）连接：CAN 总线可同时连接多个单元，可连接的单元总数理论上是没有限制的。但实际上可连接的单元数受总线上的时间延迟及电气负载的限制。降低通信速度，可连接的单元数增加；提高通信速度，则可连接的单元数减少。

2. CAN 总线网络拓扑

图 2-2 所示为 CAN 总线网络拓扑结构，所有 CAN 总线的节点通过 CAN_H 和 CAN_L 相连，并通过这两条线实现差分信号传输，ECU 上的 CAN 总线控制器根据两根线上的电位差判断总线电平，从而实现消息的接收和发送。一般在 CAN 总线网络的两端接上 120Ω 的终端电阻，终端电阻的作用是使阻抗连续，消除信号反射。

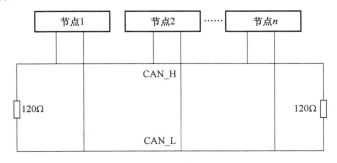

图 2-2　CAN 总线网络拓扑结构

3. CAN 总线节点硬件架构

图 2-3 所示为两种 CAN 总线节点的硬件架构。

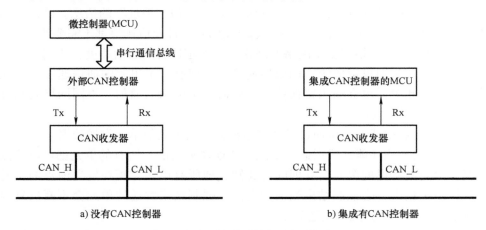

图 2-3　两种 CAN 总线节点硬件架构

其中，CAN 收发器的作用是负责逻辑电平和信号电平之间的转换，图 2-3a 结构中的 MCU 没有 CAN 控制器，需要外部 CAN 控制器，并通过 SPI 等串行通信和 MCU 连接，再加上 CAN 收发器共同实现 CAN 通信。这种独立的 CAN 控制器和可以在任何没有 CAN 控制器的 ECU 中使用，而不需要更换 MCU。常见的如 SJA 10000、MCP 2515 等都是集成 CAN 控制器的专用 IC。图 2-3b 结构中的 MCU 集成有 CAN 控制器，能够直接通过收发器和 CAN 总线连接而实现 CAN 通信。

一种典型的 CAN 收发器硬件电路结构如图 2-4 所示。

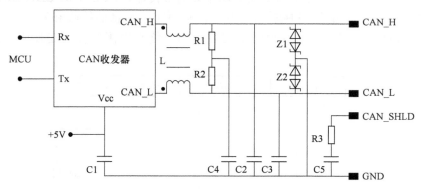

图 2-4　CAN 收发器硬件电路结构

CAN 收发器外围电路推荐参数见表 2-2。

表 2-2　CAN 收发器外围电路推荐参数

符号	描述
C1	100nf，工作电压可达 50V 或更高
C2，C3	40 ~ 100pf，工作电压能达 100V 或更高，C2 与 C3 的电容值应尽量相等，整车寿命内两者的偏差不允许超过 10%
C4	100（1±10%）pf，工作电压能达 50V 或更高
C5	0.68（1±10%）µf
R1、R2	60.4（1±1%）Ω（干线终端电阻），最小允许耗散功率 250mW，如果 ECU 所处环境温度较高，则该功率为 400mW； 619（1±1%）Ω（支线终端电阻），关于耗散功率的要求同上；R1 与 R2 的电阻值应尽量相等，整车寿命内两者的偏差不允许超过 3%
R3	1（1±1%）Ω
Z1、Z2	ESD/ 过压保护
L	共模电感

4. CAN 消息帧格式

CAN 协议的消息帧格式有 5 种：数据帧、遥控帧、错误帧、过载帧、帧间隔。其用途见表 2-3。

表 2-3　CAN 消息帧的用途

帧	用途
数据帧	用于发送单元向接收单元传送数据的帧
遥控帧	用于接收单元向具有相同 ID 的发送单元请求数据帧
错误帧	用于当检测出错误时向其他单元通知错误的帧
过载帧	用于接收单元通知其尚未做好接收准备的帧
帧间隔	用于将数据帧及遥控帧与前面的帧分离开来的帧

数据帧和遥控帧有标准格式和扩展格式两种格式。标准格式有 11 个位的标识符，扩展格式有 29 个位的标识符。CAN 数据帧的格式如图 2-5 所示。

CAN 数据帧由 7 个段构成：①帧起始，表示数据帧开始的段；②仲裁段，表示该帧优先级的段；③控制段，表示数据的字节数及保留位的段；④数据段，数据的内容，可发送 0 ~ 8B 的数据；⑤CRC 段，检查帧的传输错误的段；⑥ACK 段，表示确认正常接收的段；⑦帧结束，表示数据帧结束的段。

5. CAN 总线的电气特性和总线仲裁

CAN 总线的电平状态有隐性电平和显性电平两种，当 CAN 总线为隐性时，CAN_H 和 CAN_L 的电平都为 2.5V，电位差为 0V，此时逻辑值为"1"；当 CAN 总线为显性时，CAN_H 和 CAN_L 的电平分别为 3.5V 和 1.5V，电位差为 2.0V，此时逻辑值为"0"。

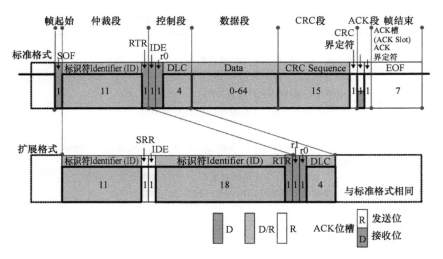

图 2-5　CAN 数据帧的格式

　　CAN 报文的优先级通过 ID 段的"线与"特性进行仲裁，即同时传送显性位和隐性位时，总线呈现显性状态；同时传送显性位时，总线呈现显性状态；同时传送隐性位时，总线呈现隐性状态。一般而言，相同格式的 CAN 报文，ID 数值越小，优先级越高。

　　6. CAN 的总线的编码格式和位时序

　　CAN 总线采用不归零码位填充技术，即前文所述的逻辑"0"和逻辑"1"。

　　CAN 总线的一个位分为 4 段，即同步段（SS）、传播时间段（PTS）、相位缓冲段 1（PBS1）和相位缓冲段 2（PBS2）。其采样点位于相位缓冲段 2 前，如图 2-6 所示。

2.1.2　LIN 总线基础

　　LIN 是 Local Interconnect Net-work 的缩写，是基于 UART/SCI（通用异步收发器 / 串行通信接口）的低成本串行通信协议。可用于汽车、家电、办公设备等多个领域。其定位于车身网络模块节点间的低端通信，主要用于智能传感器和执行器的串行通信，这正是对 CAN

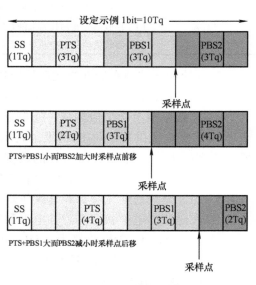

图 2-6　位构成及采样点

总线在低端通信上的补充。

1. LIN 总线网络与节点构成

LIN 总线网络由一个主机节点和若干个从机节点构成，其网络结构如图 2-7 所示。LIN 总线网络通常不独立存在，LIN 总线网络作为 CAN 总线网络的补充，通常作为上层 CAN 总线网络的子网络。LIN 总线网络和 CAN 总线网络通过网关相连，网关也通常为 LIN 总线网络的主机节点。

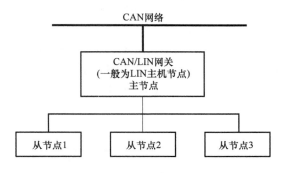

图 2-7　LIN 网络结构

图 2-8 所示为 ECU 的 LIN 通信协议栈结构，节点应用层向下层传输信号和消息。信号和消息位于帧中的数据段，是节点向其他节点传达的实质信息。应用程序通过信号处理实现信号的传递，通过传输层实现消息的传递。

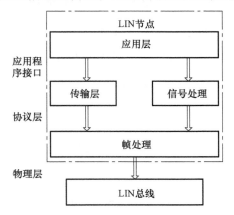

图 2-8　LIN 通信协议栈结构

2. LIN 总线的特点

LIN 总线具有如下特点。

1）网络由一个主机节点和多个从机节点构成。

2）由于 LIN 总线可以基于普通 UART/SCI 接口的低成本硬件实现，不需要单独的硬件模块支持，从机节点不需要高精度时钟就可以完成自同步，其总线为一根单线电缆，因此 LIN 总线可以降低 ECU 成本。

3）信号传输具有确定性，传播时间可以提前计算出。

4）LIN 总线具有可预测的电磁兼容性（ElectroMagnetic Compatibility，EMC），为了限制电磁干扰（ElectroMagnetic Interference，EMI）强度，LIN 协议规定最大位速率为 20kb/s。

5）LIN 总线提供信号处理、配置、识别和诊断四项功能。

3. LIN 总线节点的硬件架构

LIN 总线的主节点通常需要和上层 CAN 总线网络节点连接，主节点通常需要支持 CAN 和 LIN 总线的多种通信方式。图 2-9 所示的主节点的硬件架构支持 CAN 通信和 LIN 通信，其 MCU 集成 CAN 控制器、LIN 控制器和其他串行通信接口。

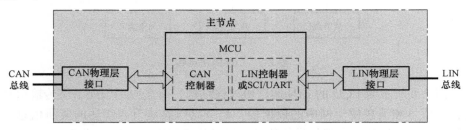

图 2-9　LIN 主节点的硬件架构

LIN 总线的从节点通常为传感器或执行器。如图 2-10 所示的从节点，其 MCU 集成了 LIN 控制器或串行通信接口（SCI/UART）。

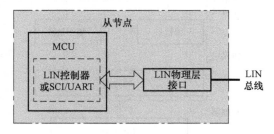

图 2-10　LIN 从节点的硬件架构

图 2-11 和图 2-12 分别为一种主节点和从节点 LIN 收发器的外围电路图。

4. LIN 协议层

（1）帧结构　LIN 消息帧包含帧头和应答，如图 2-13 所示。LIN 消息帧的传输由主机和从机共同完成，主机任务负责发送帧头；从机任务接收帧头并对帧头包含的信息进行解析，并确定是否发送应答，还是不作反应。

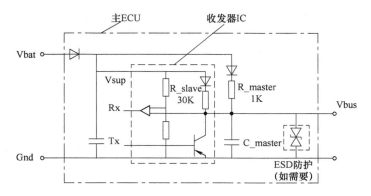

图 2-11　主节点收发器的外围电路图

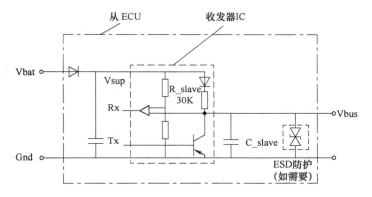

图 2-12　从节点收发器的外围电路图

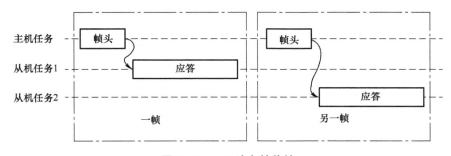

图 2-13　LIN 消息帧传输

　　LIN 消息帧的结构如图 2-14 所示。帧头包括同步间隔段、同步段、受保护 ID 段。其中，同步间隔段由同步间隔和同步间隔段的间隔符构成，其至少是持续 13 位的显性电平；LIN 消息帧采用字节 0x55 作为同步段；受保护的 ID 段的前 6 位为帧 ID，加上两个奇偶校验位后称作受保护 ID。

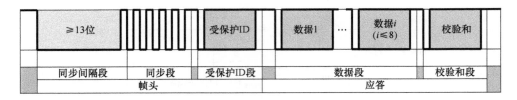

图 2-14　LIN 消息帧的结构

　　LIN 消息帧的数据段，包含 1 ~ 8B。需要注意的是 LIN 协议没有规定帧中的一部分作为数据长度域，LIN 消息帧的数据内容和长度是由系统设计者根据帧 ID 事先约定好的。

　　LIN 消息帧的校验和段的作用是对帧中所传输的内容进行校验。校验和有两种：标准型校验和，增强型校验和。

　　（2）LIN 消息帧在总线上的传输过程　　总线上的数据是以广播形式被发送到总线上的，任何节点均能接收，但并非所有信号对每个节点都有用。收听节点接收帧的应答是因为该节点的应用层会使用这些信号，而对于其余节点，由于用不到这些信号，所以没有必要作接收处理，将忽略帧的应答部分。发布和收听由哪个节点进行完全根据应用层的需要由软件或配置工具实现。一般情况下，除事件触发帧外，对于一个帧中的应答，总线上只存在一个发布节点，否则就会出现错误。

　　LIN 消息帧在总线上的传输是通过位于主机节点上的进度表来进行调度的，进度表规定了总线上消息帧的传输次序和帧延时时间。主机节点可以包含多个进度表，每个进度表激活的时候，都从进度表的入口处执行，如果一个进度表没有被打断，那么进度表执行完成后又返回进度表的入口处。

　　（3）主机任务和从机任务　　图 2-15 所示为 LIN 总线主节点的任务状态，当主节点的进度表启动后，主节点依次发送进度表中的帧头。

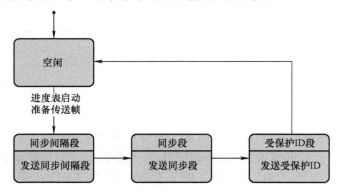

图 2-15　LIN 总线主节点的任务状态

LIN 总线从节点的 LIN 控制器需要判断主节点发送的帧头信息和对消息帧进行处理。LIN 总线从节点任务的状态机如图 2-16 所示。从节点需要对帧头信息进行判断，并确定自己是否需要作出响应。

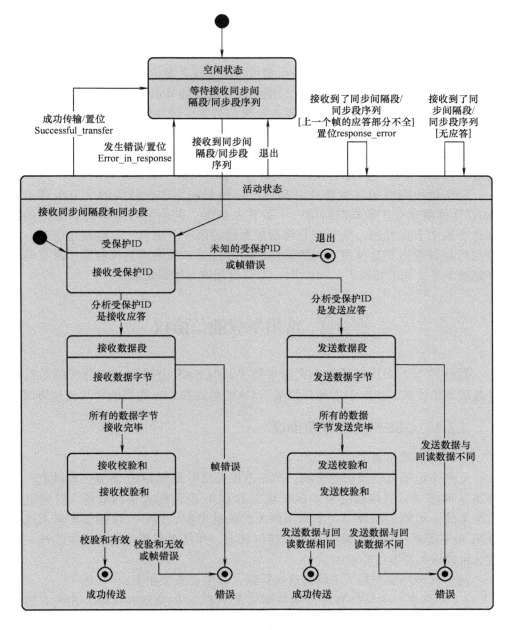

图 2-16　LIN 总线从节点任务的状态机

ECU 中不同的 MCU 使 LIN 总线节点中软件对 LIN 协议的处理不同：不集成 LIN 控制器的 MCU，软件一般使用 UART 模拟 LIN 通信的过程，软件需要根据 LIN 总线的主节点任务或从节点任务来实现 LIN 总线的节点状态切换和错误处理等；集成 LIN 控制器的 MCU，一般由 LIN 控制器本身实现主节点任务或从节点任务，减少了软件工作量，而只需要进行错误处理。

（4）LIN 的网络管理　LIN 的网络管理主要处理 LIN 总线网络的唤醒和休眠。当总线处于休眠状态时，主 / 从节点都可以向总线上发送唤醒信号，唤醒信号持续 250μs ～ 5ms。其余节点（除发送唤醒信号以外的节点）以大于 150μs 为阈值判定唤醒信号。每个从机节点必须在唤醒信号显性脉冲的结束处算起 100ms 以内准备接收来自主机的命令（帧头）；主节点也必须被唤醒，在 100ms 之内主节点发送帧头开始通信。主节点的同步间隔段也可以充当唤醒信号，由于从节点需要作初始化处理，因此主节点所发的这个帧有可能不会被正常接收。

LIN 总线网络的休眠条件有两种：一种是利用诊断帧中的主节点请求帧 0x3C 作休眠命令，数据段的第一个字节为 0x00，其余字节为 0xFF，这时的休眠命令由主节点发出，从节点只判断数据段的第一个字节，忽略剩余字节，从节点根据自身需要选择进入何种低功耗模式；另一种是当总线静默（没有显性和隐性电平之间的切换）4 ～ 10s 时，节点自动进入休眠状态。

2.2　常用车载通信协议

现代汽车上采用的通信方式越来越多，但 CAN 总线和 LIN 总线仍是目前主流的通信方式，本小节主要介绍基于 CAN 总线和 LIN 总线的常用通信协议。

2.2.1　OSEK 网络管理协议

1. 网络管理的意义

受整车电子电气架构的影响，汽车电控系统中部分 ECU 需要一直供电。如果不采取措施，这些始终处于运行状态的 ECU 会消耗大量的电能，对纯电动汽车来说，电能的消耗会明显影响汽车的续驶里程。另外，根据整车需求这些 ECU 在不需要使用的时候应该处于待机状态，并且在需要使用的时候能统一唤醒，快速进入正常工作状态。

网络管理功能正是为了解决这些问题，其主要意义在于：

1）使用统一的网络管理机制协调汽车上 ECU 的睡眠和唤醒，在没有通信需求的时候，使 ECU 能进入低功耗，从而节省电量的消耗。

2）保证网络通信的稳定性。

2. OSEK 网络简介

OSEK 网络管理是 OSEK/VDX 标准的三个组件（实时操作系统、通信子系统、网络管理系统）之一。OSEK 在 ECU 软件组件中的架构如图 2-17 所示。

OSEK 网络管理具有如下作用：

① 初始化 ECU 资源，比如网络接口；

② 启动网络；

③ 提供网络配置；

④ 网络节点监控；

⑤ 侦测、处理网络和节点的运行状态；

⑥ 设置网络或节点的参数；

⑦ 协调网络的运行状态，如 ECU 休眠；

⑧ 提供网络诊断功能。

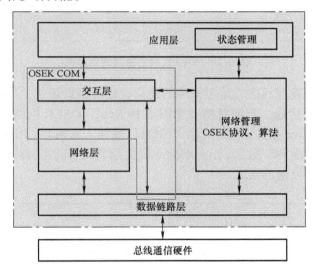

图 2-17　OSEK 在 ECU 软件组件的架构

3. OSEK 网络管理的状态机

图 2-18 所示为 OSEK 网络管理的状态机。OSEK 网络管理分为 3 个主要状态，分别为 Reset 状态、Normal 状态、LimpHome 状态。

Reset 状态是 ECU 激活后网络管理的缺省状态，此时网络管理会重置通信链路、网络管理有关计数器和一些网络管理的参数等。当其他 ECU 建立好逻辑环之后，进入 Normal 状态。如果该 ECU 有故障或总线有故障，ECU 进入 LimpHome 状态。在每种状态下，OSEK 网络管理都会通过网络管理消息监控网络状态并采取相应的网络管理动作。

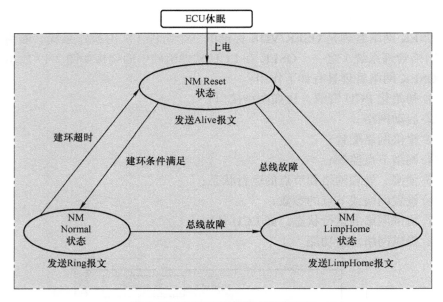

图 2-18　OSEK 网络管理的状态机

　　OSEK 网络管理的核心是逻辑环的建立，建环消息通过 CAN 报文以令牌环的方式在网络上传递。其消息格式如图 2-19 所示。OSEK 网络管理运行时主要有三种报文。Alive 报文，用于节点申明自己要加入逻辑环；Ring 报文用于节点在网络上传递"令牌"报文；LimpHome 报文是节点不能正常收发报文或节点出现故障后向网络发送的报文。

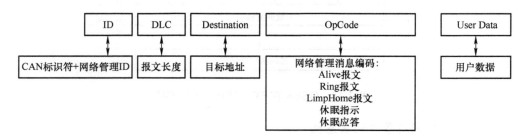

图 2-19　OSEK 网络管理消息格式

2.2.2　CCP 和 XCP 协议

1. CCP 协议

　　由于汽车运转工况不同，大多数汽车 ECU 都需要经过标定来确定控制算法的相关参数。为了实现对 ECU 的精确控制以及参数匹配修改，满足预定的要求，必须对 ECU 进行精确的匹配标定以及优化各项控制参数。基于此，自动化测试系统标准协会（ASAM）制定了 CCP 协议。通过 CCP 协议和标定软件可以实现在 ECU 运行时对先关运行参数进行在线修改和观测。

CCP-CAN Calibration Protocol，即基于 CAN 总线的标定协议，是基于 CAN 总线的应用层协议。是 ASAM 标准的组成部分，属于 ASAM MCD1a 规范标准。

CCP 协议主要提供的功能包括：①随机读取 ECU 中内存的数据；②测量数据采样；③标定数据采样和传输；④ Flash 编程技术；⑤同时处理多个 ECU 系统。

标定系统由主设备和电控单元 ECU 组成，ECU 内部的 CCP 驱动程序又由命令处理器和 DAQ 处理器组成。CCP 协议常用的基本命令见表 2-4。CCP 协议采用主从通信方式，分为两种，即查询（Polling）模式和 DAQ（Data Acquisition Command）模式。

表 2-4　CCP 协议常用的基本命令

命令	代码	ACK 延迟 /ms
CONNECT	0x01	25
GET_CCP_VERSION	0x1B	25
EXCHANG_ID	0x17	25
SET_MTA	0x02	25
DNLOAD	0x03	25
UPLOAD	0x04	25
GET_DAQ_SIZE	0x14	25
SET_DAQ_PTR	0x15	25
WRITE_DAQ	0x16	25
START_STOP	0x06	25
DISCONNECT	0x07	25

Polling 模式是由标定系统主设备给命令处理器发出一个 CRO 的命令，ECU 接受到之后再反馈响应给标定系统。DAQ 模式不需要主设备请求，每隔一段时间它会自动将 ECU 里相关信息传到测量与标定系统中。

2. XCP 协议

XCP（Universal Measurement and Calibration Protocol，即通用测试标定协议），可以应用在多种总线系统中，如 CAN、Ethernet、Flexray、USB 等。XCP 是针对多种传输层和应用层的协议。XCP 通过双层协议将协议和传输层完全独立开，它采用的是单主 / 多从结构。

需要指出的是，虽然都是标定协议，XCP 和 CCP 协议并不兼容。

2.2.3 J1939 协议

J1939 协议基于 CAN2.0B 协议，是由国际自动机工程师学会（SAE）制定的主要针对商用车的 CAN 总线通信协议，其适用范围通常为客车和载重货车，以及船舶、农业机械等非路面设备。J1939 协议的通信速率可达 250Kbit/s。

J1939 协议包含了开放系统互联参考模型（Open System Interconnect，OSI）七层模型中的物理层、数据链路层、网络层、应用层，以及扩展的网络管理功能，如图 2-20 所示。

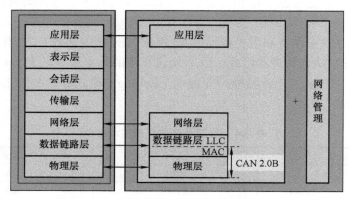

图 2-20 J1939 协议和 OSI 七层模型的对应关系

J1939 由如下标准部分组成：

1）SAE J1939 车辆网络串行通信的控制总标准。

2）SAE J1939/01 货车及客车等路面控制及信息网络。

3）SAE J1939/02 农业设备等非路面控制及信息网络。

4）SAE J1939/05 发动机故障诊断方面的应用。

5）SAE J1939/11 物理层，250kbit/s，屏蔽双绞线。

6）SAE J1939/13 物理层，非车载诊断连接器。

7）SAE J1939/15 物理层，250kbit/s，非屏蔽双绞线。

8）SAE J1939/21 数据链路层。

9）SAE J1939/31 网络层。

10）SAE J1939/71 车辆应用层。

11）SAE J1939/73 诊断应用层。

12）SAE J1939/74 应用层信息配置。

13）SAE J1939/75 应用层设置及工业化。

14）SAE J1939/81 网络管理层。

15）SAE J1939/82 相容性 - 货车和客车。

J1939 的物理层主要定义电气接口和物理介质，用以实现网络中电控单元（ECU）之间的电连接，这一部分主要由半导体厂家以及其他元器件生产厂家提供器件来实现。物理层的部分可以参考 CAN 总线部分关于 CAN 物理层的描述。

J1939 的数据链路层为物理连接之间提供可靠的数据传输。包括发送 CAN 数据帧所必需的同步、顺序控制、出错控制和流控制。该层主要通过 IC 厂家提供的 CAN 控制器来实现。

J1939 的网络层定义了网段之间的连接协议，当同时存在不同传输速度或使用不同传输介质的多个网段时，必须有至少一个网络互连电控单元提供从一个网段到另一个网段的报文传递功能。网络层的功能包括报文转发、报文过滤、波特率转换、地址翻译、协议转换。

J1939 的应用层为应用过程访问 OSI 环境提供了一种方法，包括支持应用的管理功能和通用的机制。应用层以 PGN 和 SPN 的方式具体规定了车辆使用的每个参数的数据长度、数据类型、分辨率和数据范围等。

J1939/73 协议描述了故障诊断，通过定义一组诊断报文（DMx）实现对 SAE J1939 网络的诊断，同时提供安全机制以及与诊断仪的连接机制等。

J1939 的网络管理协议定义了一套 ECU 命名方法，用于地址管理、网络出错管理等功能。

2.2.4 UDS 协议

UDS 协议为基于 CAN 总线和 LIN 总线的诊断协议，是诊断服务的规范化标准，现在已经发展为基于多种总线的诊断协议。UDS 协议的介绍请参考本书核心篇。

2.3 其他总线通信技术

第 1 章节介绍了汽车电子电气架构的发展，在电子电气架构向集中式架构的发展过程中，传统网络在大量的数据和高频次的信息传输场景下受到的局限越来越多。本小节介绍目前被逐渐应用的 CANFD 及车载以太网。

2.3.1 CANFD

图 2-21 所示为 CANFD 的帧格式，CANFD 的帧格式与 CAN 协议的不同体现在 CANFD 新增了 FDF、BRS、ESI 位。

帧起始	仲裁部分		控制部分							数据部分	CRC部分	应答部分		帧结束	
S O F	ID	R R S	I D E	F D F	r e s	B R S	E S I	DLC		Data Field	CRC	D E L	A C K	EOF	I T M
1	11	1	1	1	1	1	1	4		0-512	21或25	1	1	7	3

图 2-21　CANFD 的帧格式

其中，FDF 主要用于区分标准 CAN 帧格式和 CAN-FD 的帧格式；BRS 是位速率转换开关，当 BRS 为显性位时数据段的位速率与仲裁段的位速率一致，当 BRS 为隐性位时数据段的位速率高于仲裁段的位速率；ESI 为错误状态指示，主动错误时发送显性位，被动错误时发送隐性位。

CANFD 与 CAN 协议的传输速率不同，CAN 的最大传输速率为 1Mbit/s，CANFD 是可变速率，仲裁场与 CAN 的速率相同，数据场最高可达 8Mbit/s。CANFD 比 CAN 总线的带宽更高，具有与 CAN 总线相似的控制器接口，这种相似性使 ECU 供应商不需要对 ECU 的软件部分做大规模修改，降低了开发难度和成本。

CANFD 与 CAN 协议的数据域长度不同，CAN 数据帧最长可携带 8B，CANFD 一帧数据最长 64B。

CANFD 可以认为是 CAN 总线的升级换代设计，它继承了 CAN 总线的主要特点，CANFD 显著提高了车载 CAN 网络的带宽，更长的数据场长度可以避免使用多包传输。CANFD 的成本与 CAN 总线基本接近，并且对目前的软件和应用程序改动较小，CANFD 保留了车载 CAN 网络的物理层和拓扑结构，能够提供 CAN 总线网络的无缝升级，这些优越性为 CANFD 提供了良好的发展前景。

2.3.2　车载以太网

随着越来越先进的移动通信技术在智能交通和智能汽车上应用，以汽车 ADAS 系统、高清车载娱乐系统、车联网系统、云服务及大数据等为代表的新兴技术已经开始被广泛应用到现代智能汽车。传统的车载总线无法满足当前需求，急需一种高带宽、可开放、可扩展、兼容性强及网络聚合便捷的车载网络，同时满足车载严格法规要求、车载电气环境、高可靠性要求。在此背景下，车载以太网被广泛应用到如今的智能汽车上。

车载以太网是一种连接车内电子单元的新型局域网技术，与普通民用以太网使用 4 对非屏蔽双绞线电缆不同，车载以太网在单对非屏蔽双绞线上可实现 100Mbit/s 甚至 1Gbit/s 的数据传输速率，同时满足汽车行业高可靠性、低电磁辐射、低功耗、带宽分配、低延迟以及同步实时性等方面的要求。

车载以太网协议是一组多个不同层次上的协议簇，但通常被认为是一个 4 层协议系统，4 层协议包括应用层、传输层、网络层、数据链路层，每一层具有不同的功能。4 层结构对应于 OSI 参考模型，并且提供了各种协议框架下形成的协议簇及高层应用程序，车载以太网及其支持的上层协议的技术架构如图 2-22 所示。

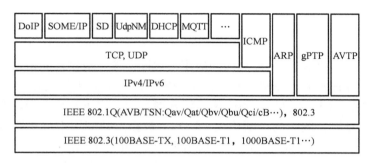

图 2-22　一种车载以太网及其支持的上层协议技术架构

车载以太网的物理层与传统车载 CAN、LIN 总线相比，区别巨大且更加复杂，使得车载网络开发、测试工程师的相关经验不易在车载以太网开发测试工作上移植、应用。

车载以太网的应用层可根据用户需求为用户提供多种应用协议，如超文本传输协议（HTTP）、通信控制（SOME/IP）、服务发现（Service Discovery）、动态主机配置协议（DHCP）、流媒体服务（Stream Media Service）、设备发现、连接管理和控制协议（IEEE 1722.1）等。在基于 CAN 总线的 UDS 在车载以太网中也有应用，即 DoIP 和 UDS，也可用于诊断和 BootLoader。

第 3 章

诊断协议及其参考标准

本节重点介绍基于 CAN 总线的应用—诊断协议。应用诊断协议最初的目的是为汽车上所有的电子控制单元提供统一的诊断标准而进行故障诊断。OBD 协议是排放系统 ECU 必须具备的协议。随着混合动力汽车及纯电动汽车等新能源汽车技术的发展，统一的诊断协议（UDS）被提出并应用于汽车所有电子控制单元，UDS 协议和 OBD 协议一起共同满足汽车电子控制单元的排放系统和非排放系统的诊断需求。现在，诊断协议在汽车 OTA 技术中起着重要作用。

3.1 OBD 协议

OBD 协议是针对排放系统进行故障诊断的法规要求。

3.1.1 OBD 协议介绍

1. OBD 协议的概念

OBD（On-Board Diagnostics），即车载自动诊断系统。在发动机运行时，诊断系统随时监控汽车尾气是否超标，并实时进行故障判断和故障告警。当系统出现故障时，故障（MIL）灯或检查发动机（Check Engine）警告灯亮，同时汽车电子控制单元将故障信息存入自身的存储器，通过 CAN 通信和诊断协议可以将故障码从电子控制单元中读出。根据故障码的提示，维修人员能迅速准确地确定故障的性质和部位，从而对车辆部件进行维修。OBD 应用于如发动机、催化转化器、颗粒捕集器、氧传感器、排放控制系统、燃油系统等多个系统和零部件。

有了 OBD 协议的支持，维修人员只需通过专用的诊断设备和车辆诊断接口连接即可读取车辆的故障，极大地提升了车辆的维修效率，降低了维修的成本。

2. OBD 协议——排放系统相关的诊断服务

ISO 15031 第 5 部分定义了排放系统相关的诊断服务，共 9 个诊断服务（SID01 ~ SID09）。

（1）01 服务——读取当前动力系统诊断数据　该服务的目的是允许访问当前与排放相关的数据值，包括模拟输入和输出、数字输入和输出以及系统状态信息。信息请求包括向车载系统指示所请求的特定信息的参数标识（PID）值。ECU 应通过发送系统最后确定的请求数据值来响应此消息。

并非所有系统都支持全部的 PID，但所有 ECU 均支持 PID00，该 PID 用于指示 ECU 支持哪些 PID。所有排放相关的 OBD ECU 均应支持 $01 服务和 PID00。

该服务请求的步骤如下：

1）请求支持的 PID。诊断设备向 ECU 请求支持的 PID，ECU 将支持的 PID 上报给诊断设备。其请求格式和响应格式见表 3-1 和表 3-2。

表 3-1　请求格式 - 请求支持的 PID

数据字节	参数名称	约定	十六进制值
#1	请求 ID	M	01
#2	请求支持 PID 的标识符	M	00

表 3-2　响应格式 - 报告支持的 PID

数据字节	参数名称	约定	十六进制值
#1	响应 ID	M	41
#2	请求的参数标识符 PID	M	00
#3	对 PID 01,03-08 的支持		$10111111_2 = BF$
#4	对 PID 09,0B-10 的支持	M	$10111111_2 = BF$
#5	对 PID 11,13,15 的支持		$10101000_2 = A8$
#6	对 PID 19,1C,20 的支持		$10010001_2 = 91$

2）读取 PID 值。诊断设备向 ECU 请求 PID 的值，支持该 PID 的 ECU 将向诊断设备上报 PID 的数据。其请求格式和响应格式见表 3-3 和表 3-4。

表 3-3　请求格式 - 读取 PID 数据

数据字节	参数名称	约定	十六进制值
#1	请求 ID	M	01
#2	参数标识符 PID	M	××

表 3-4　响应格式 - 上报 PID 数据

数据字节	参数名称	约定	十六进制值
#1	响应 ID	M	41
#2	请求的参数标识符 PID	M	××
#3 ... #n	PID 数据字节	M	××

（2）02 服务——读取动力系统冻结帧数据　所谓冻结帧，即 ECU 故障确认后，把故障的现场数据（如发动机转速、温度等车辆信息）保存下来。冻结帧中的车辆状态信息对故障诊断非常重要，因为他们记录了车辆发生故障时的很多信息。

该服务的目的是允许诊断设备访问冻结帧中排放系统相关的参数。服务的请求消息包含特定的 PID，ECU 针对支持的 PID 进行响应，从而将冻结帧数据上报给诊断设备。

该服务请求的步骤如下：

1）请求支持的 PID。诊断设备使用冻结帧 PID 00 向 ECU 请求支持的冻结帧 PID，ECU 将支持的 PID 上报给诊断设备。其请求格式和响应格式见表 3-1 和表 3-2。

2）读取冻结帧数据。其请求格式见表 3-5，ECU 存储了冻结帧数据和没有存储冻结帧数据的响应格式分别见表 3-6 和表 3-7。

表 3-5　请求格式 - 读取冻结帧数据

数据字节	参数名称	约定	十六进制值
#1	请求 ID	M	02
#2	导致需要冻结帧数据存储的 DTC	M	02
#3	帧序号 00	M	00

表 3-6　响应格式 - 上报已存储的冻结帧数据

数据字节	参数名称	约定	十六进制值
#1	响应 ID	M	42
#2	导致需要冻结帧数据存储的 DTC	M	02
#3	帧序号 00	M	00
#4	DTC 高字节数据	M	× ×
#5	DTC 低字节数据		× ×

表 3-7　响应格式 - 上报没有存储的冻结帧数据

数据字节	参数名称	约定	十六进制值
#1	响应 ID	M	42
#2	导致需要冻结帧数据存储的 DTC	M	02
#3	帧序号 00	M	00
#4	DTC 高字节数据	M	00
#5	DTC 低字节数据		00

注：“00”代表没有冻结帧数据存储

（3）03 服务——读取排放系统相关的诊断故障码　此服务的目的是使外部测试设备能够获得"已确认"的排放相关 DTC。

该服务请求的步骤如下：

1）请求 DTC 的数量。诊断设备使用 PID01 请求 ECU 与排放系统相关的 DTC 数量，存储有 DTC 的 ECU 响应包含故障码数量的消息。如果没有存储于排放系统先关的 DTC，ECU 回应 0。其请求格式和响应格式见表 3-1 和表 3-2。

2）读取 DTC。诊断设备循环发送 $03 服务以请求 ECU 所有的 DTC。如果没有存储排放系统相关的 DTC，ECU 不响应。请求格式和响应格式分别见表 3-8 和表 3-9 所示。

表 3-8　请求格式 - 请求 DTC

数据字节	参数名称	约定	十六进制值
#1	请求 ID	M	03

表 3-9　响应格式 - 报告 DTC

数据字节	参数名称	约定	十六进制值
#1	响应 ID	M	43
#2	DTC1 高字节	M	× ×
#3	DTC1 低字节		× ×
#4	DTC2 高字节	M	× ×
#5	DTC2 低字节		× ×
#6	DTC3 高字节	M	× ×
#7	DTC3 低字节		× ×

（4）04 服务——清除排放系统相关的诊断信息　该服务的目的是为外部测试设备提供一种方法来使 ECU 清除所有与排放相关的诊断信息。这些诊断信息包括：MIL 和诊断故障代码的数量、清除 I/M（检查 / 维护）就绪位、确认的故障诊断代码、待定诊断故障代码、冻结帧数据的诊断故障代码、冻结帧数据、氧传感器测试数据、系统监控测试的状态、车载监测测试结果、激活 MIL 时行驶的距离、自 DTC 清除后的预热次数、清除 DTC 后行驶距离、激活 MIL 时的发动机运行时间、自 DTC 清除后的发动机运行时间等。

其请求格式见表 3-10，其积极响应和消极响应格式分别见表 3-11 和表 3-12。

表 3-10　请求格式 - 清除诊断信息

数据字节	参数名称	约定	十六进制值
#1	请求 ID	M	04

表 3-11 积极响应格式 - 清除诊断信息成功

数据字节	参数名称	约定	十六进制值
#1	响应 ID	M	44

表 3-12 消极响应格式 - 清除诊断信息失败

数据字节	参数名称	约定	十六进制值
#1	消极响应标识符	M	7F
#2	请求的 ID	M	04
#3	消极响应码：条件不满足	M	22

（5）05 服务——读取氧传感器的测试结果　该服务用于读取氧传感器的状态，对于 OBDonCAN 来说不支持该服务，相应的功能由 06 服务实现。

（6）06 服务——请求特定被监测系统的监测结果　该服务的目的是允许访问特定组件 / 系统的车载诊断监控测试的结果。例如催化剂监测和蒸发系统监测。

1）请求支持测试 ID。诊断设备向车辆请所有支持的测试 ID。诊断设备收到车辆支持的测试 ID 后会创建内部列表，以根据列表请求检测结果。其请求格式和响应格式见表 3-1 和表 3-2。

2）请求特定被监测系统的监测结果。诊断设备根据测试 ID 请求被监测系统的监测结果。其请求格式和响应格式见表 3-13 和表 3-14。

表 3-13 请求格式 - 请求被监测系统的监测结果

数据字节	参数名称	约定	十六进制值
#1	请求 ID	M	06
#2	参数标识符：传感器电压	M	02

表 3-14 响应格式 - 报告被监测系统的监测结果

数据字节	参数名称	约定	十六进制值
#1	响应 ID	M	46
#2	参数标识符：传感器电压	M	02
#3	测试极限类型和组件 ID	M	84
#4 #5	数据高字节 数据低字节	M	00 10
#6 #7	极限高字节 极限低字节	M	00 00

（7）07 服务——请求在当前或最后完成的驾驶循环期间检测到与排放相关的诊断故障代码　$07 服务是获取当前和上一个驾驶循环中为"pending"状态的 DTC。和 $03 服务获取"confirmed"状态的 DTC 不同，其请求和响应的格式可参考 $03 服务。

（8）08 服务——请求控制车载系统、测试或组件　该服务的目的是使外部测试设备能够控制车载设备的运行系统、测试或组件。其请求格式和响应格式见表 3-15 和表 3-16。

表 3-15　请求格式 - 请求控制板载设备

数据字节	参数名称	约定	十六进制值
#1	请求 ID	M	08
#2	测试 ID	M	01
#3	数据 #1		00
#4	数据 #2		00
#5	数据 #3	M	00
#6	数据 #4		00
#7	数据 #5		00

表 3-16　响应格式 - 控制板载设备响应

数据字节	参数名称	约定	十六进制值
#1	响应 ID	M	48
#2	测试 ID	M	01
#3	数据 #1		00
#4	数据 #2		00
#5	数据 #3	M	00
#6	数据 #4		00
#7	数据 #5		00

（9）09 服务——请求车辆信息　该服务的目的是使外部测试设备能够请求车辆特定的车辆信息，例如车辆识别号（VIN）和校准 ID。其请求格式和响应格式见表 3-17 和表 3-18。

表 3-17　请求格式 - 请求车辆 VIN

数据字节	参数名称	约定	十六进制值
#1	请求 ID	M	09
#2	参数信息：VIN 码	M	02

表 3-18　响应格式 - 报告车辆 VIN

数据字节	参数名称	约定	十六进制值
#1	响应 ID	M	49
#2	参数信息：VIN 码	M	02
#3	消息计数 #N	M	× ×
#4	数据 #1		× ×
#5	数据 #2	M	× ×
#6	数据 #3		× ×
#7	数据 #4		× ×

3.1.2　OBD 协议参考标准

ISO-15031 为 OBD 协议的参考标准，其标准组成部分见表 3-19。

表 3-19　ISO 15031 标准的组成部分

ISO 文档	描述
ISO 15031-1	通用信息
ISO 15031-2	术语、定义、缩写和缩略词指南
ISO 15031-3	诊断连接器和相关电路、规格和用途
ISO 15031-4	外部测试设备
ISO 15031-5	排放系统相关的诊断服务
ISO 15031-6	诊断故障码定义
ISO 15031-7	数据链路层

ISO 15031-1 是概述部分，介绍了标准的结构和划分。

ISO 15031-2 定义了排放相关诊断中的术语。

ISO 15031-3 规定了用于在车辆和外部设备之间进行通信以进行排放相关诊断的诊断连接器的最低要求。

ISO 15031-4 规定了连接到车辆的任何外部测试设备必须满足的要求。

ISO 15031-5 定义了 OBD 法规要求的数据。包括：①请求和响应消息的格式；②来自外部测试设备的请求消息和来自车辆的响应消息之间以及这些消息和后续请求消息之间的时序要求；③数据不可用时，车辆和外部测试设备的行为；④一组诊断服务，具有相应的请求和响应消息内容，以满足 OBD 规定。

ISO 15031-6 统一了标准化诊断故障代码（DTC），当检测到故障时，机动车辆的电气 / 电子（OBD）系统需要报告这些故障代码。它进一步为与这些代码相关的统一消息（文本描述符）提供指导。

ISO 15031-7 规定了一种标准机制，用于限制对特定车辆服务的访问（例如仅在原始制造工厂内使用的服务）。

3.2 UDS 协议

UDS 诊断协议是现代汽车 ECU 最重要的协议之一，其在整车售后维护、电控零部件开发调试以及功能升级、车辆下线配置等方面有着重要作用。

3.2.1 UDS 协议介绍

UDS（Unified diagnostic services），即统一诊断服务，一般也被称为 14229。我们常说的诊断协议一般也指 UDS，这是由于诊断应用层更接近用户，实际上完整的诊断协议是包含 OSI 模型各个层次的。

早期的诊断协议有 ISO 9141 和 ISO 14230（即 KWP 2000），由于技术的发展，这些协议应用范围极小，甚至已经不再使用。后来产生了 ISO 15765，该协议是一个基于 CAN 总线的的诊断协议，它规定了基于 CAN 通信的网络层通信和相关诊断服务，目前常使用的是 ISO 15765-2。随着车辆排放要求越来越严苛，产生了针对排放系统的诊断协议 ISO 15031，它定义了 10 个服务，用于读取排放系统相关的 DTC 和车辆参数。

现在使用最广泛的是 ISO 14229，它是一个专门针对应用层的协议，它不关心实际车载总线载体，是为车辆诊断制定的统一的诊断协议。ISO 14229 现有三个版本：ISO 14229（2006 版）、ISO 14229（2013 版）、ISO 14229（2020 版）。由于 ISO 14229（2006 版）协议使用了较长的时间，本文的内容也基于该版本介绍。

3.2.2 UDS 协议参考标准

诊断协议的参考标准见表 3-20。其中，基于 CAN/CANFD 总线和车载以太网是目前的主流应用。

表 3-20 诊断协议参考标准

OSI 层次	增强型诊断服务
应用层	ISO 14229-1、ISO 14229-3、ISO 14229-4、ISO 14229-5、ISO 14229-6、ISO 14229-7 和后续标准
表示层	车辆制造商规定
会话层	ISO 14229-2
传输层	ISO 15765-2、ISO 10681-2、ISO 13400-2、ISO 17987-2
网络层	
数据链路层	ISO 11898-1、ISO 11898-2、ISO 17458-2、ISO 13400-3、IEEE802.3、ISO 14230-2、ISO 17987-3
物理层	ISO 11898-1、ISO 11898-2、ISO 17458-4、ISO 13400-3、IEEE 802.3、ISO 14230-1、ISO 17987-4

3.3 UDS 协议与 OBD 协议的区别

OBD 协议是针对排放系统的诊断协议，主要对排放系统的参数进行获取和故障进行诊断。UDS 协议是针对所有车辆 ECU 的统一诊断协议，其内容覆盖了 OBD 协议的内容，并包含了诊断和通信管理功能、数据传输功能、数据存储传输功能、输入输出控制功能、例程功能及上传和下载等功能。

核心篇

第 4 章

UDS 协议栈架构

基础篇的内容详细介绍了 UDS 协议的作用及其参考标准，以及对应 OSI 标准模型的层次结构。本章将介绍服务器端 UDS 协议栈的组成以及协议栈各个层次的作用。同时，在架构的基础上介绍诊断数据在协议栈上的数据流，并从系统的角度阐述如何实现 UDS。

由 UDS 协议栈和 OSI 七层模型可以看出，UDS 协议栈是独立于特定硬件设备的协议栈。

4.1 UDS 协议软件架构

ECU 运行 UDS 协议栈的最小系统应包括支持 MCU 运行的最小系统、CAN 通信模块、UDS 协议的传输层（TP）以及 UDS 诊断应用层。图 4-1 所示为一种 UDS 协议栈软件架构，该架构仅体现诊断协议运行需要的最小支持的系统。

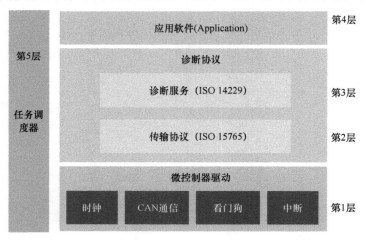

图 4-1　UDS 协议栈软件架构

第 1 层为和微控制器相关的驱动层，提供 MCU 时钟初始化、系统看门狗服务、中断处理以及 CAN 通信等功能，从而使微控制具备能进行通信的功能。

第 2、3 层为诊断协议栈的核心层：传输协议完成 ISO 15765 协议的功能，调用 CAN 驱动层的接口，能进行诊断报文的接受和发送；诊断应用层完成 ISO 14229 协议的功能，提供诊断数据处理及诊断协议规定的诊断服务。

第 4 层为应用软件，其可以为诊断应用层提供应用数据。

第 5 层为系统任务调度器，完成软件运行所需的任务调度。

图 4-2 所示为 AUTOSAR 架构下的诊断协议栈软件架构。AUTOSAR 的诊断模块主要用于标定、软件更新、功能检查及错误处理等功能。

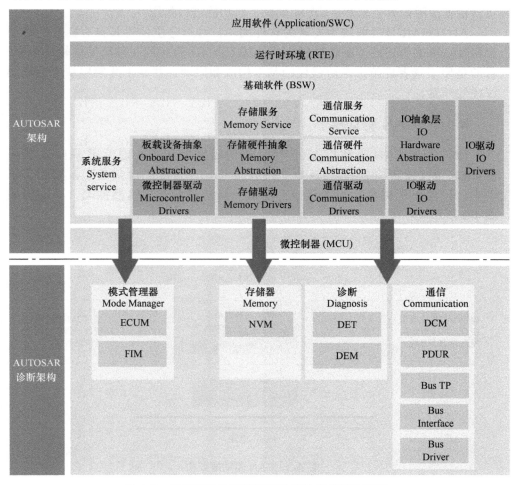

图 4-2　AUTOSAR 架构下的诊断协议栈软件架构

AUTOSAR 采用分层结构将诊断模块分为多个子模块：

DCM（Diagnostic Communication Manager），即诊断通信模块，实现 ISO 14229

的诊断服务。

DEM（Diagnostic Event Manager），即诊断事件管理，用来记录和存储诊断事件，并将这些诊断事件及相关信息（冻结帧及扩展数据）记录到 EEPROM。

DET（Default/Development Error Tracer），默认或开发错误追踪模块，用于开发过程的错误跟踪，可以将各个配置模块的错误进行跟踪（可以进行记录或者使能断点）。

FIM（Function Inhibition Manager），用于当一些错误出现的时候，禁止一些功能。比如当检测到某个输出过流时，关闭芯片输出，防止控制器损毁。FIM 负责根据故障内容（来源于 DEM 模块）对功能进行禁用。

AUTOSAR 是目前较为先进的软件架构，通过分层使得其具有良好的跨平台特性。本书所述的诊断软件架构，是基于图 4-1 所示的一种简易的软件架构，目的是便于读者理解诊断协议栈的基本构成和原理，并基于此架构掌握诊断协议栈的开发。

4.1.1　CAN 驱动层

微控制器 CAN 驱动层提供 CAN 通信需要的服务，通常需要向上层提供 CAN 报文发送服务和 CAN 报文接收服务。CAN 驱动层封装在微控制器驱动中，仅向上层提供所需的接口，使得上层协议和微控制器抽离。其架构如图 4-3 所示。

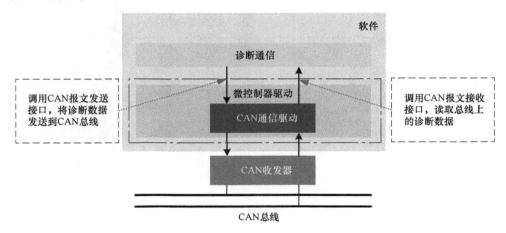

图 4-3　CAN 驱动层架构

CAN 驱动层及微控制器最小系统等模块和微控制器强相关，依赖于不同的硬件实现。开发诊断协议栈时，这些模块需要根据微控制器型号的不同分别开发。

4.1.2　TP 层

TP 层即传输协议层，其在诊断协议中的架构如图 4-4 所示。

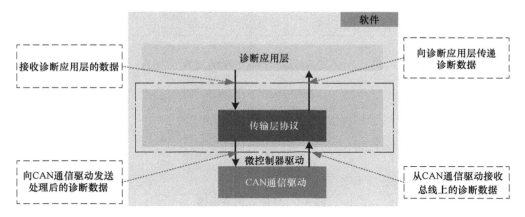

图 4-4　TP 层在诊断协议中的架构

一帧 CAN 总线的报文最多包含 8B 的数据，而一帧诊断信息如车辆故障信息通常包含多个字节的数据。为支持多个（超过 8 个）字节的信息在总线上传输，并能使客户端和服务器均能从多包报文中解析出诊断数据，和其他通信技术一样，通常在报文的数据中添加协议控制信息。CAN 总线上传输的诊断报文也包含了传输层的封装信息和诊断服务的数据。

如上所述，传输层协议在诊断协议的架构中起到封装和解析诊断数据的作用，其接受来自总线网络上的诊断数据，经过解析后将诊断数据传递给诊断应用层，诊断应用层需要向总线网络发送诊断数据时，先经传输协议层将诊断数据封装，再通过 CAN 总线接口发送到总线上。通过 CAN 总线连接到总线上的服务器，和客户端采用相同的方式传递诊断报文，就可以进行诊断服务的请求和响应。

4.1.3　诊断应用层

诊断应用层通过 ISO 14229 协议，与应用程序交互完成诊断应用功能，与传输层协议交互实现诊断数据的传输和诊断请求的接收，如图 4-5 所示。

诊断应用层工作时，传输协议向上层提供了诊断数据。如前所述，诊断报文经过传输协议时，传输协议将诊断报文的封装信息进行解析。诊断应用层对解析后的诊断数据进行识别并完成对应的诊断功能，如 DID 的读写、会话模式切换、故障数据清除等。

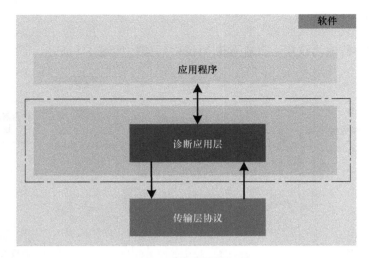

图 4-5　诊断应用层架构

诊断服务需要和应用程序交互，如获取应用数据、调用应用程序接口等。同时应用程序也要将故障诊断信息传递给诊断应用层，使诊断应用层能处理并记录诊断数据。

服务器端执行完诊断请求后，需要向客户端响应。这时，诊断服务层将诊断响应数据传递到传输协议层，传输协议层将诊断数据封装后，将其传递到 CAN 总线上。客户端再使用相同的传输协议将总线上的诊断报文解析，就能获得服务器端的诊断响应。

4.2　UDS 数据流分析

基于诊断协议栈架构和 OSI 七层模型对应关系，我们已经对诊断协议栈架构及每一层的作用做了详细分析。理解 UDS 数据流对诊断开发人员具有重要意义。

图 4-6 所示为诊断过程中的数据流，其描述了从客户端发出诊断请求到 CAN 总线上的传输，及经过服务器的处理后接收响应的过程。本节使用单帧报文作为示例，重点介绍服务器端对诊断报文的处理流程和诊断协议栈的作用。

设定图 4-6 的诊断系统中的数据（均为十六进制）如下：

① 03 22 11 22 00 00 00 00
② 03 22 11 22 00 00 00 00
③ 22 11 22

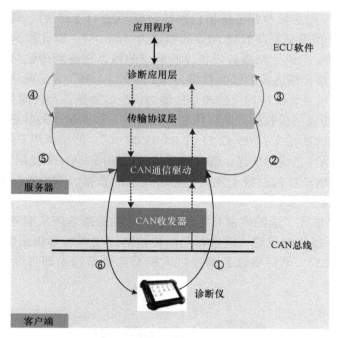

图 4-6　诊断过程中的数据流

④ 62 11 22 04 05
⑤ 05 62 11 22 04 05 00 00
⑥ 05 62 11 22 04 05 00 00

图中的客户端通常为汽车诊断系统专用诊断仪或者带有诊断功能的计算机系统。客户端通过 CAN 总线与服务器相连。服务器通常是汽车上支持 UDS 诊断协议的 ECU。

该系统中诊断数据流描述如下。

1）诊断仪发出读取 DID（标识符：0x1122）的请求："03 22 11 22 00 00 00 00"，①为诊断仪发出的在 CAN 总线上传输的请求，通过 CAN 总线和诊断仪相连的服务器可以接收到该请求。

2）ECU 的 CAN 驱动层接收到报文后，将消息向上层传递。②为 CAN 通信驱动层向上层传递的数据。CAN 通信驱动层不对消息进行解析，其数据和①相同。

3）传输协议层接收到 CAN 驱动层的消息，识别到有效的诊断报文后，经过传输协议的解析，将诊断数据传递到诊断应用层。③为传输协议层将总线上的报文经过解析后的数据，去除 PCI 后，诊断数据为 "22 11 22"。该数据正是诊断应用层可以识别的数据。

4）诊断应用层接收到传输协议层的数据"22 11 22"后，调用对应的诊断服务并和应用程序交互获取到 DID 的数据为"04 05"，以此作为诊断响应的数据。诊断应用层完成诊断服务后将诊断响应的数据传递到传输协议层。④为诊断应用层传递给传输协议的诊断数据，"62 11 22 04 05"为诊断请求"22 11 22"的积极响应。可见诊断应用层传递给传输协议层的数据不经任何封装。

5）传输协议层接收到诊断应用层的数据后，根据响应的数据将其封装，得到带有 PCI 的诊断报文："05 62 11 22 04 05 00 00"。然后调用 CAN 通信驱动将诊断报文向 CAN 总线上发送。⑤为传输协议层调用 CAN 驱动层发送的数据。

6）CAN 驱动层向总线上发送传输协议层的数据，⑥的数据不经任何封装和⑤的数据保持一致。

上述过程描述了诊断请求从客户端的发出和诊断响应从服务器的响应，客户端接收服务器的响应后，经过相同的传输协议层即可解析出服务器的响应："62 11 22 04 05"，然后将该数据经过人机交互界面输出即可变成可读的诊断信息。

4.3　如何实现 UDS

目前，基于 CAN 总线的通信驱动层协议较为简单，各芯片厂商提供了便捷的配置工具和稳定可靠的库函数供用户使用，诊断协议的实现难点在于网络层协议和应用层服务。

网络层协议包含复杂的通信和定时机制，应用层协议包含多种诊断服务及服务器的响应行为，这些特点使网络层和诊断应用层协议不容易被掌握，更不容易通过 C 语言代码实现。很多工具厂商或汽车电子软件服务商都提供诊断协议的工程服务，如普华基础软件、恒润科技以及国际领先的 Vector 和博世公司等。目前，很多车辆制造商包括国内造车新势力和国外车辆制造商都指定其零部件供应商使用第三方软件服务商提供的诊断协议集成服务，以减少整车开发和测试维护成本。

本节以基于 S32K144 平台的恩智浦 BootLoader 软件为基础，结合诊断协议标准讲解网络层协议和诊断应用层的关键部分，力求使读者既理解标准，也了解诊断协议在嵌入式平台和桌面操作系统下的实现。

第  章

CAN 驱动层及其实现

第 4 章讲述了 UDS 诊断协议架构，根据分层原理和架构可知，UDS 协议栈是与 MCU 平台无关的协议栈。本章节介绍 CAN 驱动层的实现，目的是使读者从构建支持 CAN 通信的 MCU 最小系统出发，开始构建 UDS 协议栈的环境。

本章节基于恩智浦 S32K1×× 系列 MCU 平台，讲述 CAN 驱动在 S32K1×× 系列芯片的实现以及为上层协议提供的软件接口。

5.1 S32K 系列微控制器介绍

恩智浦 S32K 系列 MCU 是专门针对汽车市场开发的 MCU，在诸多汽车电子领域（例如电池管理系统、信息娱乐系统、汽车照明、车身控制器、电动车窗 / 车门 / 天窗、电动座椅 / 后视镜 / 刮水器、汽车防盗系统以及电子油泵 / 水泵等无刷电机控制系统等）有着非常广泛的应用。

S32K 系列 MCU 是基于 ARM Cortex-M4F 内核的 32bit 微控制器，其强大的算力及多种灵活的低功耗模式适合各种汽车应用场景。S32K 系列 MCU 提供了功能强大的模拟、通信、定时器等丰富的外设模块，并提供丰富的内存规格和引脚封装。

S32K 系列微控制器的特性如下：

（1）超低功耗　32 位 ARM Cortex-M0+/ARM Cortex-M4F 内核，具有超低功耗。

（2）内存　高达 2MB 的 Flash 内存和 256KB 的 SRAM 内存，以及 64KB 的 FlexMem（支持 4KB 模拟 EEPROM，带有 4KB 的 RAM）。

（3）系统定时器　具有强大的定时模块，支持通用 PWM 电机控制功能；可用于 RTOS 的 SysTick 定时器；用于 A/D 转换或定时的周期中断定时器。

（4）通信　具备 3 个 LPUART 模块，支持自动波特率侦测的 UART；具备 3 个 LPSPI 等串行外设模块；支持 CANFD 的汽车总线接口。

（5）可靠性 / 安全性　内部看门狗监控。

（6）系统特性　宽电压工作范围：2.7 ~ 5.5V；运行温度范围：−40 ~ 125℃。

（7）安全特性　JTAG 和 SWD 锁定机制、IP 保护等。

S32K144 共有 3 个 FlexCAN 模块，其中 FlexCAN0 支持 CANFD 格式。FlexCAN 模块是 CAN 协议的一个高完成度版本，带有动态数据率（CANFD）协议和 CAN 2.0B 版本协议支持标准和拓展数据帧和长达 64B 的数据传输，频率最大可达到 8MB/s。数据缓冲器存在于中一个嵌入 FlexCAN 的 RAM 中。

FlexCAN 模块包含以下独特的特点：

■　支持带有动态数据率（CAN FD）协议和 CAN 协议 2.0B 版本：标准数据帧、拓展数据帧、0 ~ 64B 数据长度、可编程波特率和内容相关地址；

■　遵从 ISO 11898-1 标准；

■　动态邮箱配置，储存 1 ~ 8、16、32 或 64 的数据长度；

■　每一个邮箱都可以配置为发送或接收，均支持标准和拓展数据报格式；

■　每一个邮箱都配有单独 Rx 标志寄存器；

■　功能全面的 Rx FIFO，可以存储最多 6 帧，使用 DMA 功能进行自动的内部指针处理；

■　发送终止功能；

■　动态的数据存储器，总共有 32 个 8B 数据长度的数据缓冲器，可以配置为 Rx 或者 Tx；

■　可编程的接入 CAN 协议接口的时钟源，不是外设时钟就是晶振时钟；

■　没有用来作为发送和接收的 RAM 空间可以用作通用的 RAM 空间；

■　只听模式功能；

■　可编程的环路模式，支持自我测试运行；

■　可编程的发送优先级组合：最小 ID，最低缓冲器数量和最高优先级；

■　基于 16bit 自由运转定时器的时间标记（time stamp），包含节选的外部报时信号（time tick）；

■　被特殊数据报同步的全局网络时间；

■　可屏蔽的中断；

■　对于高优先级的数预报，通过仲裁组合（arbitration scheme）降低延迟时间；

- 低功率模式，可配置的总线唤醒和接收帧匹配；
- 在 CANFD 数据报在较快速的数据发送率时具有发送延迟补偿特点；
- 自动处理或者软件处理远程请求帧；
- 只在 Freeze 模式可写入 CAN 位时间设定和配置位；
- Tx 邮箱状态（低优先级缓冲器或者空缓冲器）；
- 标识符接受过滤滤波命中指示器（Identifier Acceptance Filter Hit Indicator）；
- 在状态 1 寄存器中 ERROR 的 SYNCH 位可以用来指示模块是与 CAN 总线同步的；
- 发送数据报的 CRC 状态；
- Rx FIFO 全局标志寄存器；
- 在匹配处理时可选的邮箱和 Rx FIFO 的优先级；
- 强大的 Rx FIFO ID 滤波器；
- 当前的 FlexCAN 版本具有 100% 向后兼容性；
- 支持低功率下的虚拟网络功能：Stop 模式。

5.2　CAN 驱动层提供的功能

CAN 驱动是支持 ECU 进行 CAN 总线通信的模块，除基本的报文收发功能外，还支持复杂多样的 CAN 报文过滤器等配置。

就诊断协议栈而言，其需要提供供诊断应用层调用的 CAN 报文发送功能和接收 CAN 报文，并将诊断报文通知到诊断应用层的功能。

5.3　S32K144 的 CAN 驱动配置

S32K144 的时钟源配置如图 5-1 所示。使能 FlexCAN 模块的时钟源，系统时钟配置为 80MHz。

1. 时钟配置

微控制器时钟包含系统时钟和外设时钟，一般在使用 MCU 外设时也需要配置这两个时钟。

S32K144 微控制器的系统时钟频率最高达 112MHz，但是在汽车级应用环境下一般使系统时钟频率低于 80MHz 以确保 MCU 在各种工况（特别是高温和低温）下能正常工作。

使用 SDK 对 S32K144 的系统时钟进行配置。单片机使用外部时钟源，并使用 PLL 进行倍频，最终锁相环输出的频率 SPLL_CLK 为 160MHz，系统时钟选择锁相环时钟并进行 2 分频后 SYS_CLK 为 80MHz。勾选 FlexCANx_CLK，使能需要使用的 FlexCAN 模块，FlexCAN 模块的工作频率和系统时钟一致，为 80MHz。

2. CAN 模块参数配置

基于 SDK 开发 S32K144 的 CAN 模块，需要配置其时钟源、PIN 脚、工作模式（Loopback 或 Normal）、Buffer 的数量及长度、CANFD 是否使能、波特率等参数。

CAN 模块的上述参数配置如图 5-1 ~ 图 5-4 所示。

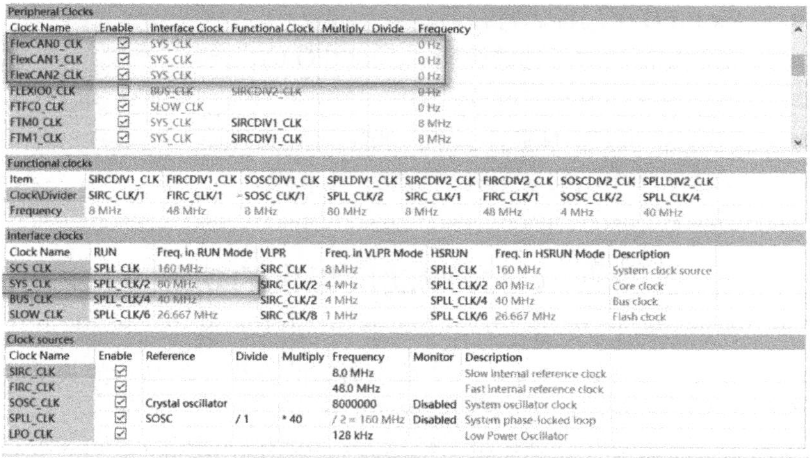

图 5-1 时钟源配置

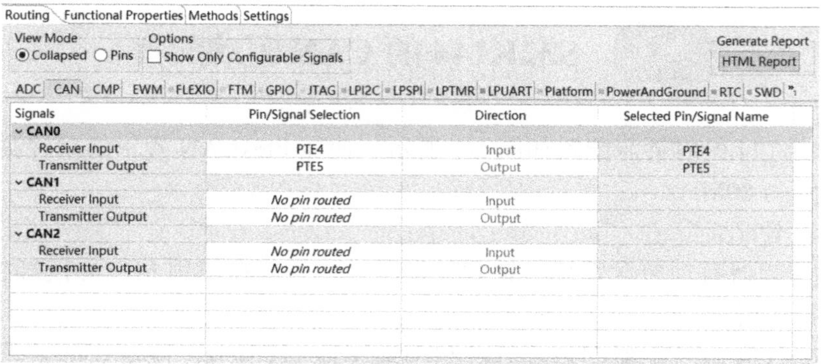

图 5-2 CAN 模块 PIN 脚配置

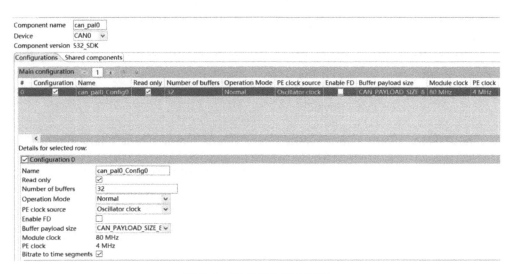

图 5-3　CAN 波特率配置

图 5-4　CAN 模块基本配置

3. CAN 驱动程序清单

```
//========================================================================
// 函数名称：Can0_Init
// 参数说明：无
// 函数返回：无
// 功能说明：初始化 FlexCAN0 模块
//          1. 调用 SDK 的 CAN_Init() 接口，根据 SDK 生成的配置代码初始化 CAN 模块
//          2. 调用 SDK 的 CAN_InstallEventCallback() 接口安装 CAN0 的中断服务函数
//          3. 配置 Rx 类型的邮箱
//========================================================================
void Can0_Init(void)
{
    // 初始化 CAN0 模块
    CAN_Init(&can_pal0_instance, &can_pal0_Config0);

    // 安装中断服务函数
    CAN_InstallEventCallback(&can_pal0_instance, (can_callback_t)Can0In-
terruptHandle, NULL);
```

```
    // 初始化 Rx 类型的邮箱
    CanConfigRxMb(&can_pal0_instance);
}


//==========================================================================
// 函数名称：Can0InterruptHandle
// 参数说明：instance：CAN 通道句柄
//     eventType：CAN 的事件类型如 FLEXCAN_EVENT_RX_COMPLETE、FLEXCAN_EVENT_TX_
//               COMPLETE
//     objIdx：消息缓存的索引
//     driverState：
// 函数返回：无
// 功能说明：CAN0 通道的中断处理程序
//         该函数实际为系统在 CAN 中断处理时的回调函数，由用户来添加自定义的功能
//         此处仅处理 CAN_EVENT_RX_COMPLETE 和 CAN_EVENT_TX_COMPLETE 事件
//==========================================================================
static void Can0InterruptHandle(uint32 instance, flexcan_event_type_t
eventType,uint32 objIdx, void *driverState)
{
    status_t Status = STATUS_ERROR;
    (void)instance;
    (void)driverState;

    switch(eventType)
    {
        // 处理 CAN 消息接收完成事件
        case CAN_EVENT_RX_COMPLETE:
        {
            // 调用 SDK 的接口从消息缓存中读取 CAN 消息
            CAN_Receive(&can_pal0_instance, objIdx, &CanRecvMsg);

            // 调用用户自定义的处理 CAN 消息的函数
            CanRxProcess(0, objIdx, &CanRecvMsg);

            break;
        }
        // 处理 CAN 消息发送完成事件
        case CAN_EVENT_TX_COMPLETE:
        {
            // 检查 CAN 消息发送状态
            Status = CAN_GetTransferStatus(&can_pal0_instance, objIdx);
```

```
            // 用户暂不处理
            if ( STATUS_SUCCESS == Status )
            {
            }
            else
            {
            }

            break;
        }

        default:
            break;
    }
}


//=========================================================================
// 函数名称：CanRxProcess
// 参数说明：CanHandle：CAN 通道句柄
//          objIdx：消息缓存区的索引
//          RxMessage：CAN 消息结构指针
// 函数返回：无
// 功能说明：该函数由用户自定义实现
//          此处实现的功能是将接收到的消息和用户自定义的 CAN 消息列表中
//          的消息进行对比。如果匹配，则将数据存储到缓冲区。
//=========================================================================
static void CanRxProcess(uint8 CanHandle, uint32 objIdx, can_message_t *RxMessage)
{
    uint8 i = 0;

    (void)CanHandle;

    // 判断消息索引是否超过用户定义的最大的数量
    if ( objIdx <= Can_MsgCfgArray.MsgCount )
    {

        // 检查消息 ID 是否匹配
        if ( ( Can_MsgCfgArray.MailBoxArray[objIdx].MsgId == RxMessage->id )
        // 检查消息方向是否匹配
        && ( (uint8)CAN_MSG_RX == Can_MsgCfgArray.MailBoxArray[objIdx].MsgDirection )
```

```
            // 检查消息长度是否有效（如果接收到的消息长度比预定义的长，则认为有效，否
则无效）
            && ( Can_MsgCfgArray.MailBoxArray[objIdx].MsgDataLen <= RxMessage-
>length )
            // 检查预定义的缓冲区是否为空
            && ( NULL != Can_MsgCfgArray.MailBoxArray[objIdx].MsgBuffer )
        )
        {
            // 上述条件都满足时，将消息存入用户定义的缓冲区
            for ( i = 0; i < Can_MsgCfgArray.MailBoxArray[objIdx].MsgDataLen; i++ )
            {
                Can_MsgCfgArray.MailBoxArray[objIdx].MsgBuffer[i] = RxMes-
sage->data[i];
            }
        }
        else
        {
            // 消息无效或不处理
        }

            // 处理 UDS 消息
#if FEATURE_BSW_USE_CAN_TP
        // 判断消息是否为有效的 UDS 消息
        if ((CAN_MSG_HANDLE_DIAG_FUN == objIdx ) || ( CAN_MSG_HANDLE_DIAG_
PHY == objIdx ) )
        {
            // 若消息有效，将消息存入 TP 层的消息队列中，等待 TP 层的处理
            TP_DriverWriteDataInTP(Can_MsgCfgArray.MailBoxArray[objIdx].MsgId,
                            Can_MsgCfgArray.MailBoxArray[objIdx].
MsgDataLen,
                            Can_MsgCfgArray.MailBoxArray[objIdx].
MsgBuffer);
        }
        else
        {
        }
#endif
    }
    else
    {
    }
```

```c
}

//===========================================================================
// 函数名称：CanConfigRxMb
// 参数说明：instance：CAN 通道句柄
// 函数返回：无
// 功能说明：该函数通过调用 SDK 的接口实现 Rx 邮箱的初始化
//===========================================================================
static void CanConfigRxMb(const can_instance_t * const instance)
{
    uint8 i = 0;
    can_buff_config_t CanBufferCfg;
    uint32 Mask = 0u;

    // 初始化用户自定义消息列表中的消息
    for ( i = 0; i < Can_MsgCfgArray.MsgCount; i++ )
    {
        CanBufferCfg.enableFD = false;
        CanBufferCfg.enableBRS = false;
        CanBufferCfg.fdPadding = 0u;

        // 判断消息的类型：标准帧 / 扩展帧
        if( (uint8)CAN_MSG_EXT == Can_MsgCfgArray.MailBoxArray[i].MsgIdType )
        {
            CanBufferCfg.idType = CAN_MSG_ID_EXT;
        }
        else
        {
            CanBufferCfg.idType = CAN_MSG_ID_STD;
        }

        // 不支持远程帧
        CanBufferCfg.isRemote = false;

        // 通过消息的类型设置邮箱的接收掩码
        // 此处若消息类型为 NM 型，将消息掩码设置为 0xFFFFFFFF，使该邮箱接收 0x700-0x7FF
// 范围的消息
        if ( (uint8)CAN_MSG_NM == Can_MsgCfgArray.MailBoxArray[i].MsgEventType )
        {
            Mask = 0x700;
        }
        else
```

```
        {
            Mask = CAN_FILTER_MASK_ALL;
        }

        // 仅初始化 Rx 类型的消息
        if ( (uint8)CAN_MSG_RX == Can_MsgCfgArray.MailBoxArray[i].MsgDirection )
        {
            // 配置邮箱的参数
             CAN_ConfigRxBuff(instance,
                                    i,
                                    &CanBufferCfg, Can_MsgCfgArray.MailBoxArray[i].
MsgId);

            // 配置消息过滤器
            CAN_SetRxFilter(instance, CanBufferCfg.idType, i, Mask);

            // 使能邮箱，并使能相关的中断，设置邮箱的状态为可接收状态
            CAN_Receive(instance, i, &CanRecvMsg);
        }
        else
        {
        }
    }
}

//=================================================================
//Can_SendFrame
// 参数说明：CanHandle：CAN 通道句柄
//           Mb：Message buffer
//           Id：消息 ID
//           IsExt：消息类型：标准帧 / 扩展帧
//           Length 消息的长度
//           Data：消息数据指针
// 函数返回：消息发送状态：成功 / 失败
// 功能说明：实现 CAN 报文的发送
//=================================================================
Std_ReturnType Can_SendFrame(uint8 CanHandle, uint8 Mb, uint32 Id, uint8
IsExt, uint8 Length,const uint8 *Data)
{
    uint8 i = 0;
    can_message_t message;
    can_buff_config_t buffCfg;
```

```
status_t stats = STATUS_ERROR;
Std_ReturnType Ret = E_NOT_OK;

// 配置发送消息的参数：CANFD 使能、BRS 位使能、标准帧 / 扩展帧、远程帧
buffCfg.enableFD = false;
buffCfg.enableBRS = false;
buffCfg.fdPadding = 0U;
buffCfg.idType = (1u == IsExt)?(CAN_MSG_ID_EXT):(CAN_MSG_ID_STD);
buffCfg.isRemote = false;

// 调用 SDK 的接口配置 Tx 邮箱
CAN_ConfigTxBuff(&CanHandle, Mb, &buffCfg);

// 填装数据
message.cs = 0u;
for ( i = 0; i < Length; i++ )
{
    message.data[i] = Data[i];
}

message.id = Id;
message.length = Length;

// 调用 SDK 的接口发送 CAN 报文
stats = CAN_Send(&CanHandle, Mb, &message);

// 发送成功，返回 E_OK
if ( STATUS_SUCCESS == stats )
{
    Ret = E_OK;
}
// 发送失败，返回 E_OK
else
{
    Ret = E_NOT_OK;
}

return Ret;
}
```

第 **6** 章

TP 层及其实现

本章重点介绍 ISO 15765 协议的第二部分：网络层服务。ISO 15765-2 的协议，定义车载诊断系统网络层要求，提供在 CAN 数据链路层（ISO 11898 定义）上运行。它同时适用于其他需要网络层协议的 CAN 通信系统。本章将基于前面 UDS 软件架构及 CAN 驱动层详细讲述 TP 层的原理。书中使用的源代码基于恩智浦官方网站的开源代码，本章从软件开发的角度结合协议和源码介绍 TP 层的实现。需要注意的是，官方代码并不能直接在所有硬件平台运行，更多代码移植等细节读者可以从恩智浦官方网站了解。

本章包含 ISO 15765 大多数原文部分，其中 6.2.4 节是本章的核心部分，6.2.3 节较为抽象，建议读者先阅读其他章节。

6.1 TP 层的作用

诊断软件中 TP 层的作用和数据流分析已经在本书第 4 章做了概述。网络层主要实现 ISO 15765-2 定义的内容，以实现通信分段、重组、数据传输流控制等。

根据 ISO 15765-2 中的定义，网络层的功能是接收到应用层发送过来的消息流后，按照协议中的分包、位填充和时间控制等步骤，对消息流进行控制传输。流控制有单帧传输、多帧传输两种类型，可根据传输数据的长度进行帧传输方式的选择。相反，当接收来自诊断仪数据时，网络层则完成的是一个组包的过程，这时需要一个可以存放接收数据的缓冲区。单帧的组包相对简单，而接收到多帧数据时，则需要在接收到的首帧和连续帧的数据域中提取，然后按照排列顺序重新组合交给上层。

6.2 TP 层协议

本章之前介绍了 UDS 软件中的 TP 层的架构和作用，以及诊断数据流在 UDS 协议栈上的传输，相信读者已经从表象上了解了 TP 层的作用。本节将深入协议，详细介绍 TP 层的工作原理和相关设计细节。

和其他许多通信协议一样，要实现设备间的通信，必须规定通信的介质，实现握手信息、帧格式、应答机制，通信错误检测等功能，ISO 15765 也不例外。本节所述的 TP 层是建立在 CAN 总线的基础上的，关于 CAN 通信的物理层及数据链路层的知识，读者可以参考其他章节的介绍或查阅相关标准。

6.2.1 TP 层协议概述

为了达到诊断通信要求，ISO 15765 协议是基于 ISO/IEC 7498 和 ISO/IEC 10731 的开放互联系统基本参考模型（OSI）建立的。该模型将通信系统分为 7 层，ISO 15765 协议映射到该模型上，分层如下：

① 统一的诊断服务（第 7 层），在 ISO 15765-3 中定义；
② 网络层（第 3 层），在 ISO 15765-2 中定义；
③ CAN 服务层（第 1、2 层），在 ISO 11898 中定义。

对应 OSI 分层，扩展及法规要求的 OBD 诊断规定见表 6-1。

表 6-1 对应 OSI 分层，扩展及法规要求的 OBD 诊断规定

OSI 分层	汽车生产商扩展的诊断服务	法规要求的车载诊断系统（OBD）
诊断应用	用户定义	ISO 15031-5
应用层	ISO 15765-3	ISO 15031-5
表示层	—	—
会话层	ISO 15765-3	—
传输层	—	—
网络层	ISO 15765-2	ISO 15765-4
数据链路层	ISO 11898-1	ISO 15765-4
物理层	用户定义	ISO 15765-4

应用层服务是由 ISO 15765-3 按照 ISO 14229-1 和 ISO 15031-5 建立的诊断服务制定的，但 ISO 15765-3 协议不仅适用于上述的诊断服务项，也适用于大多数的国际标准及汽车生产商规定的诊断服务。

网络层服务由该部分的 ISO 15765 协议定义，并独立于物理层上的操作，物理层仅仅是在法规的 OBD 上有规定。

6.2.2 TP 层相关术语定义

TP 层相关术语定义见表 6-2，后续章节将对部分关键术语进行详细介绍。

表 6-2　TP 层相关术语定义

术语缩写	英文对照	描述
BS	block size	数据块大小
CF	consecutive frame	连续帧
confirm	confirmation service primitive	确认服务
ECU	electronic control unit	电子控制单元
FC	flow control	流控帧
FF	first frame	首帧
FF_DL	first frame data length	首帧数据长度
FS	flow status	流状态
indication	indication service primitive	指示服务
Mtype	message type	信息类型
N_AE	network address extension	网络地址扩展
N_AI	address information	地址信息
N_Ar	network layer timing parameter Ar	网络层时间参数
N_As	network layer timing parameter As	网络层时间参数
N_Br	network layer timing parameter Br	网络层时间参数
N_Bs	network layer timing parameter Bs	网络层时间参数
N_ChangeParameter	network layer service name	网络层服务项名称
N_Cr	network layer timing parameter Cr	网络层时间参数
N_Cs	network layer timing parameter Cs	网络层时间参数
N_Data	network data	网络数据
N_PCI	network protocol control information	网络协议控制信息
N_PCItype	network protocol control information type	网络协议控制信息类型
N_PDU	network protocol data unit	网络协议数据单元
N_SA	network source address	网络源地址
N_SDU	network service data unit	网络服务数据单元
N_TA	network target address	网络目标地址
N_TAtype	network target address type	网络目标地址类型
N_USData	network layer unacknowledged segmented data transfer service name	网络层无应答的数据段传输服务项名称
NWL	network layer	网络层
request	request service primitive	应答服务
r	receiver	接收者
s	sender	发送者
SF	single frame	单帧
SF_DL	single frame data length	单帧数据长度
SN	sequence number	序列号
STmin	separation time min	间隔最短时长

6.2.3　TP 层总览及其服务概述

1. 网络层总览

网络层总览主要描述网络层总体的功能。该部分的 ISO 15765 协议定义了未最后确认的网络层通信协议。该协议用于网络节点之间数据交互，例如从一个 ECU 到另一个 ECU，或外部诊断设备和一个 ECU 之间的通信。如果要传送的数据超过了单个的 CAN 帧长度，则需要提供拆分的方法。

（1）网络层提供给高层的服务项　网络层提供给高层的服务项接口定义了一些由网络层提供使用服务项，如数据发送，数据接收以及协议参数的设置。网络层定义了两种类型的服务项：

1）通信服务项。以下定义的服务项，使发送者最多能发送 4095B 的数据：

① N_USData.request

该服务项用于请求发送数据，如果有必要的话，网络层拆分这些数据；

② N_USData_FF.indication

该服务项用于通知上层被拆分的信息的首帧的接收；

③ N_USData.Indication

该服务项用于提供接收的数据至上层；

④ N_USData.comfirm

该服务项用于确认应答给上层，表示请求服务项已经被执行（成功执行或不成功执行）。

2）协议参数设置服务项。以下定义的服务项，使之能够对协议参数动态设置：

① N_ChangeParamter.request

该服务项用于对特定内部参数的动态设置的请求；

② N_ChangeParameter.comfirm

③ 该服务项用于确认应答给上层，表示修改协议特定项的请求已经被执行（成功执行或不成功执行）。

（2）网络层的内部操作　网络层的内部操作为实现对等实体间的通信提供了分段、重组、数据传输流控制方法。网络层主要的任务是传递一帧或大于一帧的数据信息。超过一帧的信息被分成多个部分，每个部分都以一个 CAN 帧的形式被发送。

图 6-1 所示为未被拆分的信息传送的例子。

图 6-2 所示为被拆分的信息传送的例子。

流控帧用来使发送端适应接收端网络层的接收能力。该流控制策略同样适用于诊断网关和通信子网。

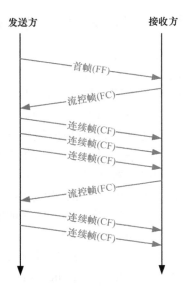

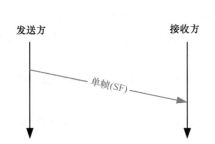

图 6-1　未被拆分的信息传送的例子　　　　图 6-2　被拆分的信息传送的例子

ISO 15765 指定了寻址模式：标准模式、扩展模式、混合模式。本书中的示例和代码主要介绍标准模式，其他模式读者可以查阅相关标准。

2. 网络层服务项

所有的网络层服务项有统一的结构。为了定义这些服务项，三类主要的服务项说明如下。

1）请求服务，被更高的通信层或应用层使用，用于向网络层传递控制信息及要发送的数据。

2）指示服务，被网络层使用，用于向更高通信层或应用层传递状态信息及接收到的数据。

3）确认服务，被网络层使用，用于向更高通信层或应用层传递状态信息。

这些服务说明没有指定具体的应用程序接口，而只是一些独立于具体实施的主要服务项。

所有的网络层服务项有统一的结构形式，服务项写成如下的形式：

```
service_name.type (
                parameter A,
                parameter B,
                parameter C,
                ...

                )
```

其中，"service_name"是指服务项名称，例如 N_SDU，"type"指示了服务项的类型，"parameter A，parameterB，parameter C，…"则是 N_SDU 服务项传递的值。

服务项定义了如何使服务的使用者（如诊断应用层）如何与服务的提供者（网络层）协同运行。以下服务项已在国际标准中说明：

1）使用请求服务项（service_name.request），服务使用者向服务提供者请求一项服务。

2）使用指示服务项（service_name.indication），服务提供者通知服务使用者网络层的一个内部事件或者一个对等实体的服务使用者的服务请求。

3）通过确认服务项（service_name.confirm），服务提供者通知服务的使用者，之前服务使用者请求服务的结果。

（1）网络层服务说明

1）N_USData.request。该请求服务项是请求传递 <MessageData> 数据及 <Length> 字节数，从发送者到到对等实体接收者，通过在 N_SA，N_TA，N_TAtype 及 N_AE 中的地址信息确认。

N_USData.request 服务项每次被启动，网络层应当通过一条 N_USData.confirm 服务通知服务使用者信息传递的完成情况。

```
N_USData.request (

                  Mtype
                  N_SA
                  N_TA
                  N_TAtype
                  N_AE（可选的）
                  <MessageData>
                  <Length>

                  )
```

2）N_USData.confirm。N_USData.confirm 服务项由网络层发送，该服务项用于确定 N_USData.request 服务的完成情况，通过在 N_SA，N_TA，N_TAtype 及 N_AE 中的地址信息确认。参数 <N_Result> 提供请求服务项的状态。

```
N_USData.confirm (

                  Mtype
                  N_SA
                  N_TA
                  N_TAtype
```

```
                            N_AE（可选的）
                            <N_Result>
                )
```

3）N_USData_FF.indication。N_USData_FF.indication 服务项由网络层发送。该服务项用于通知相邻上层接收到对等实体首帧数据已经到了。通过在 N_SA，N_TA，N_TAtype 及 N_AE 中的地址信息确认。这个指示项发生在接收到拆分数据首帧的时刻。

```
N_USData_FF.indication (
                            Mtype
                            N_SA
                            N_TA
                            N_TAtype
                            N_AE（可选的）
                            <Length>
                )
```

N_USData_FF.indication 指示服务项发送完，网络层应当总是紧跟着发送一个 N_UDSData.indication 服务项，指示信息接收的完成情况。

N_USData_FF.indication 指示服务项应当只有网络层发送指示信息段的首帧是否被正确接收。

如果网络层监测到首帧中任何类型的错误，该信息应当被网络层忽略，并且 N_USData_FF.indication 指示服务项不应当被发送至相邻的上层。

如果网络层接收到首帧中数据长度项的值（FF_DL）大于接收者缓冲区的数据，这应当被认为是一个错误的条件并且 N_USData_FF.indication 指示服务项不应当被发送至相邻的上层。

4）N_USData.indication。N_USData.indication 服务项由网络层发送。该服务项指示 <N_Result> 事件并传递 <Length> 字节数的 <MessageData> 至相邻的上层。这些信息通过同等实体间通过存放于 N_SA，N_TA，N_TAtype 及 N_AE 中标识的地址信息接收过来的。

当 <N_Result> 值为 N_OK 时，<MessageDate> 及 <Length> 参数信息才有效。

```
N_USData.indication (
                    Mtype
                    N_SA
```

```
                              N_TA
                              N_TAtype
                              N_AE（可选的）
                              <MessageData>
                              <Length>
                              <N_Result>
                         )
```

N_USData.indication 服务项是在接收到单帧（SF）信息或是指示拆分信息接收的完成时发送。如果网络层检查到单帧中任何类型的错误，该条单帧信息应当被忽略并且 N_USData_FF.indication 指示服务项不应当被发送至相邻的上层。

5）N_ChangeParameters.request。该服务项用于请求本地实体内部参数的修改。<Parameter_Value> 参数值分配给 <Parameter> 参数。对参数总是可以修改的。特殊情况是在应用层接收到首帧的指示服务项（N_USData_FF.indication）到接收（N_USData.indication）服务项之间的时刻。

```
N_ChangeParameters.request (

                              Mtype
                              N_SA
                              N_TA
                              N_TAtype
                              N_AE（可选的）
                              <Parameter>
                              <Parameter_Value>

                         )
```

这是一个可选服务项，可被固定的参数值实施代替。

6）N_ChangeParameter.confirm。该服务项用于确认 N_ChangeParameter.Confirmation 运用信息的完成情况，这信息通过在 N_SA，N_TA，N_TAtype 及 N_AE 中的地址信息标识。

```
N_ChangeParameter.confirm (

                              Mtype
                              N_SA
                              N_TA
                              N_TAtype
                              N_AE（可选的）
```

```
                              <Parameter>
                              <Result_ChangeParameter>
                      )
```

（2）服务项数据单元说明

1）Mtype 描述。有关 Mtype 描述内容见表 6-3。

表 6-3　Mtype 描述内容

类别	内容
类型	枚举类型
范围	诊断、远程诊断
描述	参数 Mtype 用于确定服务相中信息参数的类型及范围。该部分的 ISO 15765 协议指定了两个值标识这个参数。文档使用者可通过指定其他的类型，也可通过文档中网络层使用的其他地址信息参数的组合来扩展这些值的范围。每新定义的一套地址信息，Mtype 应当赋予新值，标识新的地址信息 ◆ 如果 Mtype = 诊断，N_AI 地址信息应当包含参数 N_SA、N_TA 和 N_TAtype ◆ 如果 Mtype = 远程诊断，N_AI 地址信息应当包含参数 N_SA、N_TA 和 N_TAtype 和 N_AE

2）N_AI 描述。N_AI 参数指的是地址信息。总的来说，N_AI 参数用于确定信息发送者和接收者的源地址（N_SA）、目标地址（N_TA），也包含确定（N_TAtype）和可选择地址扩展（N_AE）的通信模式。N_SA 描述内容见表 6-4，N_TA 描述内容见表 6-5，N_TAtype 描述内容见表 6-6，N_AE 描述内容见表 6-7。

表 6-4　N_SA 描述内容

类别	内容
类型	1B 的无符号整数
范围	00 ~ FF（十六进制）
描述	N_SA 参数代表发送者网络层实体

表 6-5　N_TA 描述内容

类别	内容
类型	1B 的无符号整数
范围	00 ~ FF（十六进制）
描述	N_SA 参数代表接收者网络层实体

表 6-6　N_TAtype 描述内容

类别	内容
类型	枚举类型
范围	物理的、功能的
描述	N_TAtype 参数是对 N_TA 参数的扩展。它被网络层对等实体使用，代表通信模式。两种通信模式说明如下：1 对 1 的通信，称为物理地址，1 对多的通信称为功能地址 ◆ 物理地址（1 对 1 通信）网络层所有类型的信息都支持 ◆ 功能地址（1 对多通信）仅仅对单帧的通信支持

表 6-7　N_AE 描述内容

类别	内容
类型	1B 的无符号整数
范围	00～FF（十六进制）
描述	N_AE 参数用于在大的网络上扩展现行的地址范围，用于子网中发送与接收网络层实体而不是本地网的通信。若 Mtype 设置为远程诊断时，N_AE 仅仅是地址信息的一部分

3）<Length> 描述。<Length> 描述内容见表 6-8。

表 6-8　<Length> 描述内容

类别	内容
类型	12bit
范围	1～4095
描述	该参数包含要发送或接收的数据长度

4）<MessageData> 描述。<MessageData> 描述内容见表 6-9。

表 6-9　<MessageData> 描述内容

类别	内容
类型	字符串
范围	不固定
描述	该参数包含与上层实体所有交互的数据

5）<Parameter> 描述。<Parameter> 描述内容见表 6-10。

表 6-10　<Parameter> 描述内容

类别	内容
类型	枚举类型
范围	STmin, BS
描述	该参数确定网络层的参数

6）<Parameter_Value> 描述。<Parameter_Value> 描述内容见表 6-11。

表 6-11 <Parameter_Value> 描述内容

类别	内容
类型	1B 的无符号整数
范围	0～255
描述	该参数分配给协议参数 <Parameter> 作为指示服务

7）<N_Result> 描述。<N_Result> 描述内容见表 6-12。

表 6-12 <N_Result> 描述内容

类别	内容
类型	枚举类型
范围	N_OK，N_TIMEOUT_A，N_TIMEOUT_Bs，N_TIMEOUT_Cr，N_WRONG_SN，N_INVALID_FS，N_UNEXP_PDU，N_WFT_OVRN，N_BUFFER_OVFLW，N_ERROR
描述	该参数包含服务项执行的结果状态。如果同时产生了两个或以上的错误，网络层应该使用下列错误指示中首先找到的参数值，发送给高层 ◆ N_OK 该值表示服务执行完全正确；它可同时由发送者和接收者发送至服务的使用者 ◆ N_TIMEOUT_A 该值在定时器 N_Ar/N_As 超过了定时值 N_Asmax/N_Armax，发送给服务的使用者；它可同时由发送者和接收者发送至服务的使用者 ◆ N_TIMEOUT_Bs 该值在定时器 N_Bs 超过了定时值 N_Bsmax，发送给服务的使用者；它仅能由发送者发送至服务的使用者 ◆ N_TIMEOUT_Cr 该值在定时器 N_Bs 超过了定时值 N_Crmax，发送给服务的使用者；它仅能由接收者发送至服务的使用者 ◆ N_WRONG_SN 该值在接收到意外的连续数值（PCI.SN）时被发送至服务使用者；它仅能由接收者发送至服务的使用者 ◆ N_INVALID_FS 该值在从流控（FC）N_PDU 接收到无效的或未知的流状态值时发送到服务的使用者；它仅能由发送者发送至服务的使用者 ◆ N_UNEXP_PDU 该值在接收到未知协议数据单元时发送给服务使用者，它仅能由接收者发送至服务的使用者 ◆ N_WFT_OVRN 该值在接收到流控 WAIT 帧超过最大计数（N_WFTmax）时发送至服务使用者 ◆ N_BUFFER_OVFLW 该值在接收到流控（FC）N_PDU 状态 Flow = OVFLW 时发送给服务的使用者。它用于指示接收者缓冲区无法存储首帧中数据长度（FF_DL），因此，该拆分数据的传递被丢弃。它仅能由发送者发送至服务的使用者 ◆ N_ERROR 这是一个默认的错误值。它是当检测到网络层错误并且没有其他更好的参数描述该项错误时使用发送到服务使用者。它可同时由发送者和接收者发送至服务的使用者

6.2.4 网络层协议

ISO 15765 提供网络传输功能包括：①发送和接收最多 4095B 的数据信息；②报告发送和接收完成状态。

1. 网络层报文传输

（1）单帧报文发送 在正常地址模式下，网络层最多发送 7B 的数据，N_PDU 格式发送信息，称为单帧（SF）。其传输示例如图 6-3 所示。

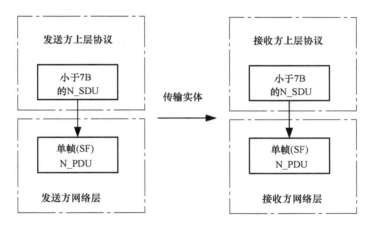

图 6-3 单帧传输示例

（2）多帧报文传输 长信息的发送通过拆分信息并通过多个 N_PDU 发送的形式。长信息是通过接收并重组多个 N_PDU 的数据进行接收的。这多个 N_PDU 包括首帧（信息中第一个 N_PDU）及连续帧（剩下的所有 N_PDU）。

多 N_PDU 信息接收者有条件按照它自己的接收能力通过使用流控协议数据单元（FC N_PDU）的流控机制调整传输流量。

数据长度大于 7B 的报文被拆分为：

1）一个首帧协议数据单元（FF N_PDU），包括 6B 数据；

2）多个连续帧协议数据单元（CF N_PDU），包括 7B 数据。CF N_PDU 包括剩下的字节数据，因此其包含的有效数据长度可以小于 7B。

图 6-4 所示为多帧传输时发送方的拆分和接收方的多帧传输示例。

信息的长度在首帧（FF N_PDU）中被发送。所有的连续帧（CF N_PDU）都被发送方编号，提供接收方以同样的顺序重组这些信息。

接收方通过流控机制通知发送方接收能力，其流控制机制如图 6-5 所示。由于不同的节点有不同的接收能力，发送方发送的流控通知接收方，接收方才能调整以适应发送方接收能力。

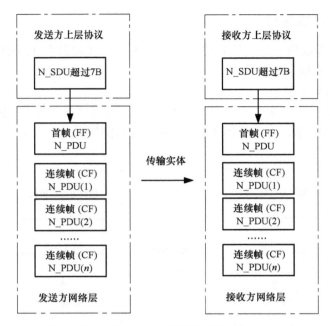

图 6-4　多帧传输示例

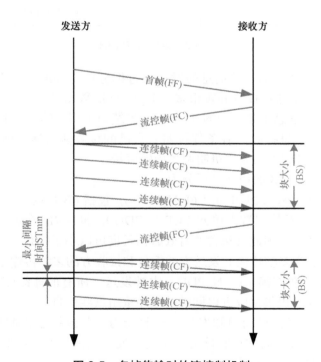

图 6-5　多帧传输时的流控制机制

该接收能力定义如下：

1）块大小（BS），在授权继续发送其余的 N_PDU 之前，接收方允许发送最大的 N_PDU 个数。

2）间隔最短时长（STmin），发送方在发送两个连续帧间隔等待的最短时间。

除了最后一个块外所有的块都包含 BS N_PDU。最后一个块包含剩余的 N_PDU（≤ BS）。

每一个发送者 / 接收者等待对方的 N_PDU 时，一个超时机制可用来检查发送失败。

通过 FC N_PDU，接收者有权控制 CF N_PDU，用于延时对方的发送及当拆分数据超过接收者缓冲区的时候拒绝接收。流控状态包括：

① FC.CTS，继续发送，授权继续发送；

② FC.WAIT，请求继续等待；

③ FC.OVFLW，缓冲溢出，用于指示拆分数据的首帧中字节个数信息超过了接收者可存储的信息总量。

FC.WAIT 的值有个最大限值，即 N_WFTmax。该参数是系统的常数，且不会在首个 FC N_PDU 中发送。

2. 网络层协议数据单元

不同节点的网络层实体通过交互 N_PDU 实现通信。ISO 15765 定义了四种网络层协议数据单元：单帧（SF N_PDU）、首帧（FF N_PDU）、流控帧（FC N_PDU）、连续帧（CF N_PDU）。这些协议数据单元用于建立网络层对等实体通信，交互通信参数，传递通信数据及释放通信资源。

（1）单帧（SF N_PDU）　SF N_PDU 通过单帧协议控制信息（SF N_PCI）来标识，SF N_PDU 应当由发送网络实体发送至一个或多个接收网络实体。它应当通过单个的服务请求，传递服务数据及未拆分信息。

单帧在未拆分信息长度小于 7B 时使用。

（2）首帧（FF N_PDU）　FF N_PDU 通过首帧协议控制信息（FF N_PCI）来标识，FF N_PDU 应当由发送网络实体在拆分数据发送期间，发送至特定的接收网络实体。它用于标识拆分数据首帧。接收网络实体在接收到 FF N_PDU 时，需重组这些拆分的信息。

在未拆分信息大于 7B 时，由于 CAN 总线的局限性（一帧 CAN 报文最多携带 8B 数据），数据需要分成多个 CAN 消息帧进行传输，首帧即为这些消息帧的第一帧标识。

（3）流控帧（FC N_PDU）　FC N_PDU 由流控协议控制信息（FC N_PCI）标识。FC N_PDU 指示发送网络实体对 CF N_PDU 的开始、停止或重传。它应当由接收网络层实体在准备好接收更多数据时，发送至发送网络层实体。通常在如下情况接收网络层实体需要向发送网络层实体发送流控帧：

1）接收到 FF N_PDU。

2）接收到一组连续帧的最后一个 CF N_PDU 后（如果需要发送网络层实体的另外的一组连续帧）。

FC N_PDU 也能在拆分数据发送期间，通知发送网络层实体暂停 CF N_PDU 的发送或者在检测到首帧中数据（FF_DL）字长超过接收实体的缓冲区时，中止发送。

（4）连续帧（CF N_PDU）　CF N_PDU 由连续帧协议控制信息标识（CF N_PCI）。CF N_PDU 传递服务数据 <MessageData> 的每个段（N_Data）。发送实体发送所有的 N_PDU 时，FF N_PDU 之后编码成 CF N_PDU。接收实体在接收到最后一个 CF N_PDU 时，重组这些信息并传递至服务的使用者。CF N_PDU 应当由发送网络实体在拆分数据发送期间，发送至特定的接收网络实体。

3. 网络层协议数据单元中的数据域

（1）N_PDU 格式　协议数据单元（N_PDU）使数据在两个或多个对等网络节点之间传递。所有的 N_PDU 包含了 3 个域。其格式见表 6-13。

表 6-13　N_PDU 格式

地址信息	协议控制信息	数据域
N_AI	N_PCI	N_Data

（2）地址信息（N_AI）　N_AI 用于标识对等网络实体间的通信。N_AI 信息在 N_SDU—N_SA、N_TA、N_TAtype、N_AE 中接收，应当复制包含在 N_PDU 中。如果接收到的 N_SDU 中 <MessageData> 及 <Length> 信息很长，需要网络层拆分这些数据以发送完整的信息，N_AI 包含在每一个要发送的 N_PDU 中。

该域包含地址信息标识交互信息类型，数据交互的接收方和发送方。地址信息包含信息地址。

（3）协议控制信息（N_PCI）　该域标识交互的 N_PDU 的类型。它也用来交互在网络层对等实体通信的其他控制参数。

（4）数据域（N_Data）　N_PDU 中的 N_Data 用于发送在 <MessageData> 参数中从服务使用者使用 N_USData.request 服务接收的数据。如果必要的话，会在网络发送之前拆分为更小的部分，以适应 N_PDU 数据域。N_Data 的大小依赖 N_PDU 的类型及地址格式的选取。

4. 协议控制信息描述

协议控制信息是网络层传输协议的核心。当多个网络实体通信时，需要遵循相同的协议控制信息规则。

ISO 15765 在单帧（SF N_PDU）、首帧（FF N_PDU）、流控帧（FC N_PDU）、连续帧（CF N_PDU）中规定的协议控制信息见表 6-14。

表 6-14　协议控制信息

N_PDU 名	N_PCI 字节			
	字节 1		字节 2	字节 3
	7 ~ 4 位	3 ~ 0 位		
单帧（SF）	N_PCItype = 0	SF_DL	—	—
首帧（FF）	N_PCItype = 1	FF_DL		—
连续帧（CF）	N_PCItype = 2	SN	—	—
流控帧（FC）	N_PCItype = 3	FS	BS	STmin

其中，N_PCItype 用于在 N_PDU 中标识单帧（FC）、首帧（FF）、连续帧（CF）、流控帧（FC）。N_PCItype 的定义见表 6-15。

表 6-15　N_PCItype 的定义

十六进制值	说明
0	单帧：对于未拆分的信息，网络层提供了一个优化的网络协议，即将信息长度值仅放置在 PCI 字节里。单帧（SF）应当能支持在单个 CAN 帧中的信息传输
1	首帧：首帧只支持一条信息无法在单个 CAN 帧中发送时使用。例如，拆分的信息。拆分信息的第一帧编码为 FF，在接收到 FF 时，接收网络层实体应重组这些信息
2	连续帧：当发送拆分数据时，在首帧（FF）之后所有连续的帧被编码为连续帧（CF）。在接收到一个连续帧，接受网络层实体应当重组接收到的数据字节直到整个信息被接收到。接收实体在接收最后一帧信息并无接收错误之后，应传递这些信息到相邻的上层
3	流控帧：流控制的目的是调整 CF N_PDU 发送的速率。流控协议数据单元的 3 种类型用于支持这些功能。这些类型由协议控制信息的流状态（FS）域指示
4 ~ F	保留：该范围的值为该协议保留

（1）单帧 N_PCI 参数定义　单帧的 SF N_PCI 组成见表 6-16。

表 6-16　单帧的 SF N_PCI 组成

N_PDU 名	SF N_PCI 字节							
	字节 1							
	7	6	5	4	3	2	1	0
单帧	0	0	0	0	SF_DL			

单帧协议控制信息中的 SF_DL 参数表示单帧数据长度，在 SF N_PDU 中用于指明服务使用者的字节数，SF_DL 的定义见表 6-17。

表 6-17　SF_DL 的定义

十六进制值	说明
0	保留：该范围的值为该协议保留
1 ~ 6	单帧数据长度值（SF_DL）：SF_DL 应编码在 N_PCI 字节低位，并分配服务参数 <Length> 的值
7	单帧数据长度（SF_DL）中标准地址：SF_DL = 7 时，只允许标准地址
8 ~ F	无效的：该范围值无效

接收网络层实体在接收到发送网络层实体的单帧（SF_PDU）后，需要对 SF_DL 的有效性进行处理：

1）如果网络层接收到一个 SF_DL=0 的单帧（SF），网络层应当忽略接收 SF N_PDU。

2）如果网络层接收到使用标准地址且一个 SF_DL 大于 7 的单帧，或大于 6 且使用扩展或混合地址时，网络层应当忽略该 SF N_PDU。

（2）首帧 N_PCI 参数定义　首帧 N_PCI 的组成见表 6-18。

表 6-18　首帧 N_PCI 的组成

N_PDU 名	FF N_PCI 字节								字节 2
	字节 1								
	7	6	5	4	3	2	1	0	—
首帧	0	0	0	1	FF_DL				

FF N_PDU 中的参数 FF_DL 用于说明服务使用者数据字节数。FF_DL 的定义见表 6-19。

表 6-19　FF_DL 参数定义

十六进制数	说明
0 ~ 6	无效的：该范围值无效
7	首帧数据字节（FF_DL）支持扩展地址及混合地址：FF_DL = 7 只允许扩展地址及混合地址
8 ~ FFF	首帧数据字节（FF_DL）：拆分信息的长度（FF_DL）为 12 个 bit 的编码，N_PCI 的最低位为字节 2 中的位"0"，最高位为字节 1 中的"3"。拆分信息最大数据长度支持 4095 个用户数据。该数据当被分配到服务参数 <Length> 中

接受网络层实体在接收到首帧（FF_PDU）时，对 FF_DL 参数的错误处理如下：

1）如果网络层接收到 FF_DL 大于接收方缓冲区的首帧时，应当被认为是错误情况。网络层应当放弃该信息的接收，并且发送包含参数 FlowStatus = Overflow 的 FC N_PDU。

2）如果网络层接收到 FF_DL 小于 8 并且使用标准地址，或小于 7 并且使用扩展地址或混合地址时，网络层应当忽略该首帧并且不必发送一个 FC N_PDU。

（3）连续帧 N_PCI 参数定义　CF N_PCI 的组成见表 6-20。

表 6-20　CF N_PCI 的组成

N_PDU 名	CF N_PCI 字节							
	字节 1							
	7	6	5	4	3	2	1	0
连续帧	0	0	1	0	SN			

CF N_PDU 中参数 SN 是连续帧的序号，用以说明连续帧的顺序。SN 的定义见表 6-21。

表 6-21　SN 参数定义

十六进制值	说明
0 ~ F	连续号（SN）：连续号应当在 N_PCI 字节 1 的低字位编码。SN 设置值范围在 0 ~ 15

SN 参数使用说明如下：

1）对于所有拆分信息，SN 开始于 0。FF N_PDU 中 SN 分配值 0，它不是明确地包含在 N_PCI 域中，但应当按拆分信息顺序号为 0。

2）第一个流控帧后的连续帧编号（SN）设置为 1。

3）在同一个拆分信息上，每一个新增的连续帧编号（SN）递增 1。

4）连续帧编号（SN）的值不受流控帧的影响，第一个流控帧（FCN_PDU）后的 SN 值为 1，其他流控帧（FCN_PDU）后的 SN 总是在前一个编号基础上递增 1。

5）当连续帧编号（SN）到达值 15 时，它在下一个连续帧中重置为 0。

SN 参数使用示例见表 6-22。

表 6-22　SN 参数使用示例

N_PDU	FF	CF	CF	CF	CF	CF	CF	CF
SN 值（hex）	0	1	…	E	F	0	1	…

如果接收网络层实体接收到一个连续帧编号错误的 CF N_PDU 信息，网络层则进行出错处理。信息的接收被中止，并且网络层发送一个 <N_Result> 参

数 = N_WRONG_SN 的 N_USData.indication 指示服务至相邻上层。

（4）流控帧 N_PCI 参数定义　流控帧 N_PCI 的组成见表 6-23。

表 6-23　流控帧 N_PCI 的组成

N_PDU 名	N_PCI 字节										
	字节 1								字节 2	字节 3	
	7	6	5	4	3	2	1	0	—	—	
流控帧（FC）	0	0	1	1	FS				BS	STmin	

流控帧 N_PCI 由三个关键域组成：①流状态参数 FS；②块大小参数 BS；③间隔时间参数 STmin。

1）流状态（FS）参数定义。流状态参数（FS）指示发送网络层实体是否继续信息的发送。FS 参数的定义见表 6-24，发送网络层实体应当支持所有 FS 参数规定（除保留值之外）的值。

表 6-24　FS 参数定义

十六进制值	说明
0	继续发送（CTS）：流控帧继续发送参数，通过编码 N_PCI 第 1 字节为 "0"，表示继续发送。它会促使发送方重新发送连续帧，该值意味着接收者准备好接收最大 BS 个连续帧
1	等待（WT）：流控帧等待参数通过编码 N_PCI 第 1 字节为 "1"。它会促使发送方继续等待新的流控帧（N_PDU）的到来，并重新设置 N_BS 定时器
2	溢出（OVFLW）：流控帧溢出参数通过编码 N_PCI 第 1 字节为 "2"。它会促使发送方中止拆分信息的发送并且做传递参数 <N_Result>=N_BUFFER_OVFLW 的 N_USData.confirm 指示服务。该 N_PCI 流控参数值仅能在跟在首帧 N_PDU 的流控帧中使用，并且仅能在首帧中 FF_DL 信息的长度超过了接收实体缓冲区大小时使用
3 ~ F	保留：该范围的值为该协议保留

FS 由接收网络层实体传递给发送网络层实体，当发送网络层实体接收到错误的 FS 值时，其网络层需进行出错处理。信息的发送被中止，并且网络层传递一个参数 <N_Result>=N_INVALID_FS 的 N_USData.confirm 指示服务至相邻的上层。

2）块大小（BS）参数定义。块大小（BS）参数表示每一个块中连续帧（CF N_PDU）的个数。如 BS = 20，那么该块（网络通信中最后一个块除外）中包含 20 个连续帧（CF N_PDU）。拆分数据中最后一块的连续帧（CF N_PDU）个数可能小于 BS 的值。BS 参数定义见表 6-25。

表 6-25　BS 参数定义

十六进制值	说明
00	块大小（BS）：BS 参数为 0 用于指示发送者在拆分数据的发送期间不再发送流控帧。发送网络层实体应当不停地发送剩下的连续帧，以便接收网络层实体另外的流控帧
01 ~ FF	块大小（BS）：该范围的 BS 参数值用于指示发送方在没有接收网络实体的流控帧期间能发送的最大数目的连续帧

3）间隔时间（STmin）参数定义。该时间在拆分数据发送过程中，由接收实体指定，并且由发送网络实体遵守。STmin 参数值指定了连续帧协议数据单元发送的最小时间间隔。STmin 参数定义见表 6-26。

表 6-26　STmin 参数定义

十六进制值	说明
00 ~ 7F	间隔时间（STmin）范围：0 ~ 127ms 该 STmin 单元的范围 00 ~ 7F 为绝对单位 ms
80 ~ F0	保留：该范围值为该协议保留
F1 ~ F9	间隔时间（STmin）范围 100 ~ 900μs 该 STmin 单元的范围 F1 ~ F9 最小分辨率为 100μs，参数值 F1 代表 100μs，参数值 F9 代表 900μs
FA ~ FF	保留：该范围值为该协议保留

STmin 的度量是在一个连续帧发送完开始到请求下一个连续帧时的间隔时长。如 STmin = 10，则连续帧网络协议数据单元最小时间间隔为 10ms。

在拆分数据发送期间，如果 FC N_PDU 信息接收到 ST 参数值为保留值，发送网络实体使用最长的 ST 值，即（7F ~ 127ms），而不使用从接收网络实体接收到的值。

4）N_WFTmax 参数。该参数用来表示接收网络层实体连续发送 FC.Wait（FS=1）帧的个数。通信双方实体必须约定 FC N_PDU WTs 的最大值，该值在发送网络层实体接收 FC N_PDU 时生效。当该参数为 0 时，不能使用 FC N_PDU WTs。

综上所述，流控帧协议控制信息的主要作用为：在网络实体间通信时，接收网络层实体根据自身接收能力来指示发送网络层实体的发送行为，以使不同处理能力的网络实体能可靠的通信。

5. 网络层定时

网络层定时用来约束网络实体间通信过程，避免通信双方因内部原因或外部原因而持续等待。

（1）网络层定时参数　图 6-6 所示为发送网络层实体和接收网络层实体通信过程中的定时参数。

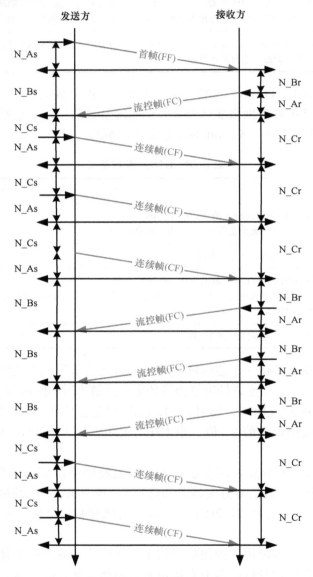

图 6-6　网络层实体通信过程中的定时参数

网络层定时参数值及它们相应给予数据链路服务的开始及结束时间见表 6-27。

表 6-27　网络层定时参数值

定时参数	描述	数据链路服务		超时/ms	运行需求 /ms
		Start	End		
N_As	发送方 CAN 帧发送时间（任何 N_PDU）	L_Data.request	L_Data.confirm	1000	—
N_Ar	接收方 CAN 帧发送时间（任何 N_PDU）	L_Data.request	L_Data.confirm	1000	—
N_Bs	直至下一个流控帧接收的时间	L_Data.confirm(FF) L_Data.confirm(FC)	L_Data. indicate(FC)	1000	—
N_Br	直至下一个流控帧发送的时间	L_Data.indicate(FF) L_Data.confirm(FC)	L_Data. request(FC)	—	(N_Br+N_Ar)< (0.9*N_Bs)
N_Cs	直到下一个连续帧发送的时间	L_Data.confirm(FC) L_Data.indication (CF)	L_Data. request(CF)	—	(N_Cs+N_As)< (0.9*N_Cr)
N_Cr	直到下一个连续帧接收的时间	L_Data.confirm(FC) L_Data.indication (CF)	L_Data.indication (CF)	1000	—

注：参数中 S 为发送者，r 为接收者，后同。

（2）网络层超时处理　网络层超时的触发和动作见表 6-28。

表 6-28　网络层超时触发和动作

超时	触发	动作
N_As	发送方没有及时发送 N_PDU	放弃信息的接收并传递 <N_Result>=N_TIMEOUT_A 的 N_USData.confirm 指示
N_Ar	接收方没有及时发送 N_PDU	放弃信息的接收并传递 <N_Result>= N_TIMEOUT_A 的 N_USData.confirm 指示
N_Bs	发送方没有接收到流控帧（丢失，覆盖）或在首帧前收到，或连续帧没有被接收方接收到	放弃信息的发送并传递 <N_Result>= N_TIMEOUT_Bs 的 N_USData.confirm 指示
N_Cr	接收方没有收到连续帧或之前流控帧未被发送方收到	放弃信息的接收并传递 <N_Result>= N_TIMEOUT_Cr 的 N_USData.confirm 指示

　　综上，网络层发生超时时通常会中断当前网络协议连接协议。通信双方网络实体会重新初始化各自的网络状态，等待新的连接。

　　（3）网络层接收到意外的 N_PDU　意外的 N_PDU 是指接收到一个节点规则之外的 N_PDU。它可能是该协议定义的某条帧（N_PDU）（SF N_PUD、FF N_PDU、CF N_PDU 或者 FC N_PDU），但它接收的却不是按正常的顺序，或者它是一个在本协议中无法解释未知的 N_PDU。

　　根据网络层支持全双向的或半双向通信的不同，对"意外的"说明也不同：

1）半双向的，两个节点之间点对点通信在同一个时刻只能是一个方向。

2）全双向的，两个节点之间点对点通信在同一个时刻支持双向的通信。

除网络层设计决定，如果使用同一个地址信息（N_AI）接收或发送到一个节点，被认为是意外的 N_PDU。

意外 N_PDU 统一的处理规则：从任何节点过来的意外的 N_PDU 应当被忽略，这意味着网络层对该信息的到来无需通知上层。

意外 N_PDU 的处理见表 6-29。

表 6-29　意外 N_PDU 的处理

NWL 状态	NWL 接收到				
	SF N_PDU	FF N_PDU	CF N_PDU	FC N_PDU	Unknown N_PDU
拆分信息发送过程	全双向通信：在接收过程中，应忽略该 N_PDU，否则将 SF N_PDU 设为新接收的开始	全双向通信：在接收过程中，应忽略该 N_PDU，否则将 FF N_PDU 设为新接收的开始	全双向通信：在接收过程中，应忽略该 N_PDU	如果等待，则处理该帧，否则忽略	忽略
	半双向：忽略	半双向：忽略	半双向：忽略		
拆分信息接收过程	中止当前接收，传递 <N_Result> = N_UNEXP_PDU 的指示信号至上层，并且将 SF N_PDU 设为新接收的开始	中止当前接收，传递 <N_Result> = N_UNEXP_PDU 的指示信号至上层，并且将 FF N_PDU 设为新接收的开始	如果等待，则处理该帧，并运行必要的检测（例如 SN 是否顺序正确）否则忽略	全双向的：如果正在发送过程，看相应表上一单元	忽略
				半双向的：忽略	
空闲	将 SF N_PDU 设为新接收的开始	将 FF N_PDU 设为新接收的开始	忽略	忽略	忽略

注：空闲状态指既没有拆分信息发送也没有拆分信息接收。

（4）等待帧错误处理　当接收端发送了 N_WFTmax 流控制帧等待网络协议数据单元（FC N_PDU WT）但随后无法通过发送网络协议数据单元（FC N_PDU CTS）满足性能要求时，接收方需中止信息的接收，并向上层发出一个 N_USData.indication，其中 <N_Result> 设置为 N_WFT_OVRN。

发送端通过接收到 <N_Result>=N_TIMEOUT_Bs 的 N_USData.confirm 确认服务中止信息的接收。发送端能基于此处理是由于丢失了接收方的流控制帧 N_PDU，在发送端产生了一个 N_Bs 的超时信号。超时处理可参考前面章节的描述。

（5）信息的交错　网络层协议应能够并行传输未映射到同一 N_AI 的不同消息。这对于确保接收端能够以一致的方式重新组装接收到的网络协议数据单元是必要的。例如，该方案支持网关操作，需要在不同的子网络上同时处理不同的消息传输。

（6）数据链路层的要求　对于数据链路层的要求，读者可参考 ISO 15765-2，本书中均使用标准地址格式。

（7）CAN 帧数据长度　在 UDS 通信时，CAN 帧的长度通常固定为 8。如前所述，在网络层通信时，CAN 帧中除 N_PDU 之外的字节定义为无效字节，这些无效字节通常定义为 0x55 或 0xAA 等。

6.3　TP 层协议实现

本节之前已经详细介绍了 TP 层协议的作用和详细内容。本节从软件实现的角度介绍拆分信息和未拆分信息的传输过程及常用的网络层参数推荐值。

6.3.1　单帧

如前所述，单帧报文可以传输不经拆分的信息，信息长度通常小于 7B。单帧发送只需要一帧 CAN 报文，发送网络层实体在传输完一帧单帧报文后即完成网络层的工作，接收网络层实体在接收完一帧单帧后也完成网络层工作。单帧传输是最简单的网络层传输任务。

图 6-7 所示为 CAN 报文中的单帧消息。单帧报文的组成可参考 6.2 节的描述。

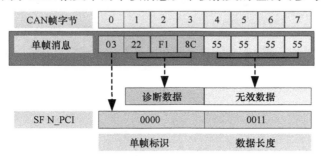

图 6-7　单帧消息

1. 网络层实体发送单帧

网络层实体发送单帧的程序如下。

```
//================================================================
// 函数名称：CANTP_DoTransmitSF
// 参数说明：m_stMsgInfo：CAN 消息结构，此处未使用
```

```
//              m_peNextStatus：网络层处理协议状态
// 函数返回：tN_Result
// 功能说明：CAN 网络层发送单帧消息处理函数
//              调用该接口后单帧消息通过 CAN 驱动发送到 CAN 总线网络上
//========================================================================
static tN_Result CANTP_DoTransmitSF(tCanTpMsg * m_stMsgInfo,
                                    tCanTpWorkStatus *m_peNextStatus)
{
    uint8 aDataBuf[DATA_LEN] = {0u};
    uint8 txLen = 0u;

    (void)m_stMsgInfo;

    ASSERT(NULL_PTR == m_peNextStatus);

    // 检查消息长度是否满足单帧发送的要求
    if(TRUE == IsTxDataLenOverflowSF())
    {
            *m_peNextStatus = TX_FF;

            return N_ERROR;
    }

    // 检查消息长度是否满足单帧发送的要求
    if(TRUE == IsTxDataLenLessSF())
    {
            *m_peNextStatus = IDLE;

            return N_ERROR;
    }

    // 设置单帧发送
    (void)CANTP_SetFrameType(SF, &aDataBuf[0u]);

    SetTxSFDataLen(&aDataBuf[0u], gs_stCanTPTxDataInfo.stCanTpDataInfo.
xFFDataLen);
    txLen = aDataBuf[0u] + 1u;

    // 将诊断层数据复制到缓冲区
    fsl_memcpy(&aDataBuf[1u],
                gs_stCanTPTxDataInfo.stCanTpDataInfo.aDataBuf,
                gs_stCanTPTxDataInfo.stCanTpDataInfo.xFFDataLen);
```

```
        // 设置网络层发送状态为发送等待，并注册其回调函数
        CANTP_SetTxMsgStatus(CANTP_TX_MSG_WAITTING);
        CANTP_RegisterTxMsgCallBack(CANTP_DoTransmitSFCallBack);

        // 调用接口发送 CAN 报文
        if(TRUE != g_stCANUdsNetLayerCfgInfo.pfNetTxMsg(
                                        gs_stCanTPTxDataInfo.stCanTp-
                                        DataInfo.xCanTpId,
                                        txLen,
                                        aDataBuf,
                                        CANTP_TxMsgSuccessfulCallBack,
                                        g_stCANUdsNetLayerCfgInfo.tx-
                                        BlockingMaxTimeMs))
        {
                // CAN 消息发送失败处理
                CANTP_SetTxMsgStatus(CANTP_TX_MSG_FAIL);
                CANTP_RegisterTxMsgCallBack(NULL_PTR);

                *m_peNextStatus = IDLE;

                return N_ERROR;
        }

        // CAN 消息发送成功，启动 As 超时处理
        TXFrame_SetTxMsgWaitTime(g_stCANUdsNetLayerCfgInfo.xNAs);

        // CAN 网络层进入 WAITTING_TX 状态
        *m_peNextStatus = WAITTING_TX;

        return N_OK;
}
```

2. 网络层实体接收单帧

网络层实体接收单帧的程序如下。

```
//==================================================================
// 函数名称：CANTP_DoReceiveSF
// 参数说明：m_stMsgInfo：CAN 消息结构
//          m_peNextStatus：网络层处理协议状态
// 函数返回：tN_Result
```

```
// 功能说明：单帧接收处理函数
//          该函数在网络层接收到单帧后调用
//============================================================
static tN_Result CANTP_DoReceiveSF(tCanTpMsg * m_stMsgInfo,
                                   tCanTpWorkStatus *m_peNextStatus)
{
        uint32 SFLen = 0u;

        ASSERT(NULL_PTR == m_peNextStatus);

        // 判断接收到的数据长度是否为 0 和网络层状态是否满足
        if((0u == m_stMsgInfo->msgLen) || (TRUE == m_stMsgInfo->isFree))
        {
                return N_ERROR;
        }

        // 判断标识符是否满足单帧要求
        if(TRUE != IsSF(m_stMsgInfo->aMsgBuf[0u]))
        {
                return N_ERROR;
        }

        // 判断接收到的数据是否满足单帧的要求
        if(TRUE != GetRXSFFrameMsgLength(m_stMsgInfo->msgLen,
                                         m_stMsgInfo->aMsgBuf, &SFLen))
        {
                return N_ERROR;
        }

        // 以上对于单帧的要求检查都通过，则将诊断数据发送到 UDS 的队列中
        if(FALSE == CANTP_CopyAFrameDataInRxFifo(m_stMsgInfo->xMsgId,
                                                 SFLen,
                                                 &m_stMsgInfo->aMsgBuf[1u]))
        {
                return N_ERROR;
        }

        // 单帧接收完成后网络层状态返回 IDLE，等待下一次连接
        *m_peNextStatus = IDLE;

        return N_OK;
}
```

6.3.2　首帧

如前所述，通常信息长度大于 7B 的信息需要采用拆分信息的传输。拆分信息的第一帧信息为首帧，发送网络层实体使用首帧作为拆分信息传输的起始。接收网络层实体接收拆分信息的首帧后开始重组拆分信息。

根据拆分信息传输规则，发送网络层实体传输首帧后，接收网络层实体根据自身的接收能力发送流控制帧，发送网络层实体再根据流控制规则发送连续帧来完成多帧报文传输。接收层网络实体的流控信息通常是预先设置好的。

图 6-8 所示为 CAN 报文中的首帧消息。首帧报文的组成可参考 6.2 节的描述。

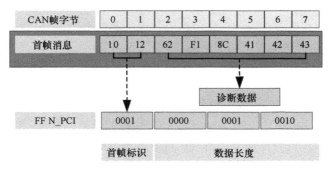

图 6-8　首帧消息

1. 网络层实体发送首帧

网络层实体发送首帧的程序如下。

```
//====================================================================
// 函数名称：CANTP_DoTransmitSF
// 参数说明：m_stMsgInfo：CAN 消息结构，此处未使用
//          m_peNextStatus：网络层处理协议状态
// 函数返回：tN_Result
// 功能说明：CAN 网络层发送首帧消息处理函数
//          调用该接口后首帧消息通过 CAN 驱动发送到 CAN 总线网络上
//====================================================================
static tN_Result CANTP_DoTransmitFF(tCanTpMsg * m_stMsgInfo,
                                    tCanTpWorkStatus *m_peNextStatus)
{
    uint8 aDataBuf[DATA_LEN] = {0u};


    (void)m_stMsgInfo;
```

```
        ASSERT(NULL_PTR == m_peNextStatus);

        // 检查消息长度是否满足首帧发送条件
        if(TRUE != IsTxDataLenOverflowSF())
        {
                *m_peNextStatus = TX_SF;

                return N_BUFFER_OVFLW;
        }

        // 设置发送帧类型
        (void)CANTP_SetFrameType(FF, &aDataBuf[0u]);

        // 设置发送数据长度
        SetTxFFDataLen(aDataBuf, gs_stCanTPTxDataInfo.stCanTpDataInfo.xFF-
DataLen);

        // 设置网络层发送状态，注册相关回调函数
        CANTP_SetTxMsgStatus(CANTP_TX_MSG_WAITING);
        CANTP_RegisterTxMsgCallBack(CANTP_DoTransmitFFCallBack);

        // 填充数据缓冲区
        fsl_memcpy(&aDataBuf[2u],
                gs_stCanTPTxDataInfo.stCanTpDataInfo.aDataBuf,
                FF_DATA_MIN_LEN - 2);

        // 发送首帧消息
        if(TRUE != g_stCANUdsNetLayerCfgInfo.pfNetTxMsg(
                        gs_stCanTPTxDataInfo.stCanTpDataInfo.xCanTpId,
                        sizeof(aDataBuf),
                        aDataBuf,
                        CANTP_TxMsgSuccessfulCallBack,
                        g_stCANUdsNetLayerCfgInfo.txBlockingMaxTimeMs))
        {
                // 消息发送失败处理
                CANTP_SetTxMsgStatus(CANTP_TX_MSG_FAIL);
                CANTP_RegisterTxMsgCallBack(NULL_PTR);

                // 清除网络层状态
                *m_peNextStatus = IDLE;
```

```
                /*request transmitted application message failed.*/
                return N_ERROR;
        }

        // 开启 As 超时定时器
        TXFrame_SetTxMsgWaitTime(g_stCANUdsNetLayerCfgInfo.xNAs);

        // 进入 WAITTING_TX 状态
        *m_peNextStatus = WAITTING_TX;

        return N_OK;
}
```

2. 网络层实体接收首帧

网络层实体接收首帧的程序如下。

```
//===================================================================
// 函数名称：CANTP_DoReceiveFF
// 参数说明：m_stMsgInfo：CAN 消息结构
//          m_peNextStatus：网络层处理协议状态
// 函数返回：tN_Result
// 功能说明：首帧接收处理函数
//          该函数在网络层接收到首帧后调用
//===================================================================
static tN_Result CANTP_DoReceiveFF(tCanTpMsg * m_stMsgInfo,
                                    tCanTpWorkStatus *m_peNextStatus)
{
        uint32 FFDataLen = 0u;

        ASSERT(NULL_PTR == m_peNextStatus);

        // 检查接收消息的有效性
        if((0u == m_stMsgInfo->msgLen) || (TRUE == m_stMsgInfo->isFree))
        {
                return N_ERROR;
        }

        // 检查接收消息的首帧标识
        if(TRUE != IsFF(m_stMsgInfo->aMsgBuf[0u]))
        {
                return N_ERROR;
```

```
        }

        // 检查接收消息的长度
        if(TRUE != GetRXFFFrameMsgLength(m_stMsgInfo->msgLen,
                                        m_stMsgInfo->aMsgBuf,
                                        &FFDataLen))
        {
              return N_ERROR;
        }

        // 以上检查都通过，存储首帧相关信息
        SaveRxMsgId(m_stMsgInfo->xMsgId);
        /*write data in global buf. When receive all data, write these data in fifo.*/
        SaveFFDataLen(FFDataLen);

        // 开启 Br 超时计数器
        RXFrame_SetTxMsgWaitTime(g_stCANUdsNetLayerCfgInfo.xNBr);

        /*copy data in golbal buf*/
        fsl_memcpy(gs_stCanTPRxDataInfo.stCanTpDataInfo.aDataBuf,
                (const void *)&m_stMsgInfo->aMsgBuf[2u],
                m_stMsgInfo->msgLen - 2u);

        AddRevDataLen(m_stMsgInfo->msgLen - 2u);

        // 根据多帧传输规则，设置网络层状态为 TX_FC ( 发送流控帧 )
        *m_peNextStatus = TX_FC;

        ClearCanTpRxMsgBuf(m_stMsgInfo);

        return N_OK;
}
```

6.3.3　流控帧

如前所述，流控帧用于拆分信息传输时接收网络层实体向发送网络层实体发送流控信息，以满足其接收能力。拆分信息传输期间，至少有一帧流控帧（流控信息中 BS 为 0 时，仅有一帧）。

图 6-9 所示为 CAN 报文中的流控帧消息。流控帧报文的组成可参考 6.2 节的描述。

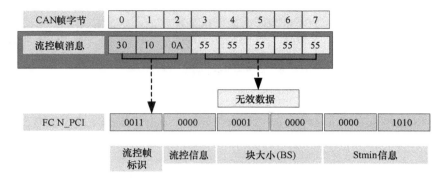

图 6-9　流控帧消息

1. 网络层实体发送流控帧

网络层实体发送流控帧的程序如下。

```
//====================================================================
// 函数名称：CANTP_DoTransmitFC
// 参数说明：m_stMsgInfo：CAN 消息结构，此处未使用
//          m_peNextStatus：网络层处理协议状态
// 函数返回：tN_Result
// 功能说明：流控帧发送处理函数
//          该函数在网络层发送流控帧时调用
//====================================================================
static tN_Result CANTP_DoTransmitFC(tCanTpMsg * m_stMsgInfo,
                                    tCanTpWorkStatus *m_peNextStatus)
{
    uint8 aucTransDataBuf[DATA_LEN] = {0u};

    (void)m_stMsgInfo;

    // 检查 Br 参数是否超时
    if(TRUE != IsWaitFCTimeout())
    {
        /*waitting timeout for transmit FC*/
        return N_OK;

    }

    // 设置首帧标识
    (void)CANTP_SetFrameType(FC, &aucTransDataBuf[0u]);
```

```
// 检查接收到首帧的中数据长度信息是否满足要求
if(gs_stCanTPRxDataInfo.stCanTpDataInfo.xFFDataLen > MAX_CF_DATA_LEN)
{
        // 长度不满足要求，设置 OVERFLOW
        SetFS(&aucTransDataBuf[1u], OVERFLOW_BUF);
}
else
{
        // 长度满足要求，设置 CONTINUE
        SetFS(&aucTransDataBuf[1u], CONTINUE_TO_SEND);
}

// 设置 BS 参数
SetBlockSize(&aucTransDataBuf[1u], g_stCANUdsNetLayerCfgInfo.xBlockSize);

// 根据 BS 参数设置接收的 Block 相关参数
AddBlockSize();

// 设置第一个连续帧的 SN 参数
AddWaitSN();

// 设置 STmin 参数
SetSTmin(&aucTransDataBuf[2u], g_stCANUdsNetLayerCfgInfo.xSTmin);

// 开发消息发送的 Ar 超时计数器
RXFrame_SetTxMsgWaitTime(g_stCANUdsNetLayerCfgInfo.xNAr);

// 设置网络层传输状态，并注册相关回调函数
CANTP_SetTxMsgStatus(CANTP_TX_MSG_WAITTING);
CANTP_RegisterTxMsgCallBack(CANTP_DoTransmitFCCallBack);

// 发送流控帧 CAN 报文
if(TRUE == g_stCANUdsNetLayerCfgInfo.pfNetTxMsg(
                    g_stCANUdsNetLayerCfgInfo.xTxId,
                    sizeof(aucTransDataBuf),
                    aucTransDataBuf,
                    CANTP_TxMsgSuccessfulCallBack,
                    g_stCANUdsNetLayerCfgInfo.txBlockingMaxTimeMs))
{   // 发送成功处理
        *m_peNextStatus = WAITTING_TX;
```

```
            return N_OK;
    }

    // CAN 报文发送失败处理
    CANTP_SetTxMsgStatus(CANTP_TX_MSG_FAIL);
    CANTP_RegisterTxMsgCallBack(NULL_PTR);

    // 发送失败, 网络层回到 IDLE 状态, 等待下一次连接
    *m_peNextStatus = IDLE;

    return N_ERROR;
}
```

2. 网络层实体接收流控帧
网络层实体接收流控帧的程序如下。

```
//=================================================================
// 函数名称: CANTP_DoReceiveFC
// 参数说明: m_stMsgInfo: CAN 消息结构
//          m_peNextStatus: 网络层处理协议状态
// 函数返回: tN_Result
// 功能说明: CAN 网络层接收流控消息处理函数
//=================================================================
static tN_Result CANTP_DoReceiveFC(tCanTpMsg * m_stMsgInfo,
                                   tCanTpWorkStatus *m_peNextStatus)
{
    tFlowStatus eFlowStatus;

    ASSERT(NULL_PTR == m_peNextStatus);

    // 检查等待流控帧是否超时, 如果超时网络层返回 IDLE, 等待下一次连接
    if(TRUE == IsTxWaitFrameTimeout())
    {
        *m_peNextStatus = IDLE;

        return N_TIMEOUT_Cr;
    }

    // 检查接收消息有效性
    if((0u == m_stMsgInfo->msgLen) || (TRUE == m_stMsgInfo->isFree))
    {
```

```
                    /*waitting received FC. It's normally for waitting CAN mes-
sage and return OK.*/
                    return N_OK;
        }

        // 检查流控帧标识符
        if(TRUE != IsFC(m_stMsgInfo->aMsgBuf[0u]))
        {
                    return N_ERROR;
        }

        // 获取 FS 参数
        GetFS(m_stMsgInfo->aMsgBuf[0u], &eFlowStatus);

        // 检查接收层网络实体状态，若是 OVERFLOW，网络层回到 IDLE 状态，等待下一次连接
        if(OVERFLOW_BUF == eFlowStatus)
        {
                    *m_peNextStatus = IDLE;

                    return N_BUFFER_OVFLW;
        }

        // 检查接收层网络实体状态，WAIT，开启 Bs 超时计数器
        if(WAIT_FC == eFlowStatus)
        {
                    /*set Tx wait time*/
                    TXFrame_SetRxMsgWaitTime(g_stCANUdsNetLayerCfgInfo.xNBs);

                    return N_OK;
        }

        // 检查接收层网络实体状态，CTS
        if(CONTINUE_TO_SEND == eFlowStatus)
        {
                    // 根据接收到的流控帧，设置 BS 相关参数
                    SetBlockSize(&gs_stCanTPTxDataInfo.ucBlockSize, m_stMsgInfo-
>aMsgBuf[1u]);

                    // 根据 BS 参数设置接收的 STmin 相关参数
                    SaveTxSTmin(m_stMsgInfo->aMsgBuf[2u]);

                    // 开启 Cs 超时计数器
```

```
            TXFrame_SetTxMsgWaitTime(g_stCANUdsNetLayerCfgInfo.xNCs);
}
else
{
  // 若接收到非法流控帧，网络层回到 IDLE 状态，等待下一次连接
      *m_peNextStatus = IDLE;

      return N_INVALID_FS;
}

// 接收到有效的流控帧之后，网络层切换到 TX_CF（发送连续帧）
*m_peNextStatus = TX_CF;

return N_OK;
}
```

6.3.4　连续帧

如前所述，连续帧用于拆分信息传输期间发送网络层实体向接收网络层实体发送诊断数据。

图 6-10 所示为 CAN 报文中的连续帧消息。连续帧报文的组成可参考 6.2 节的描述。

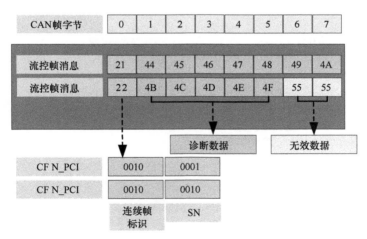

图 6-10　连续帧消息

1. 网络层实体发送连续帧
网络层实体发送连续帧的程序如下。

```
//================================================================
// 函数名称:CANTP_DoTransmitCF
// 参数说明:m_stMsgInfo:CAN 消息结构, 此处未使用
//          m_peNextStatus:网络层处理协议状态
// 函数返回:tN_Result
// 功能说明:CAN 网络层发送连续帧消息处理函数
//================================================================
static tN_Result CANTP_DoTransmitCF(tCanTpMsg * m_stMsgInfo,
                                    tCanTpWorkStatus *m_peNextStatus)

{
    uint8 aTxDataBuf[DATA_LEN] = {0u};
    uint8 TxLen = 0u;
    uint8 aTxAllLen = 0u;

    (void)m_stMsgInfo;

    ASSERT(NULL_PTR == m_peNextStatus);

    // 检查 STmin 是否超时, 未超时保持状态等待
    if(FALSE == IsTxSTminTimeout())
    {
            /*watting STmin timeout.  It's normally in the step.*/
            return N_OK;
    }

    // 检查发送超时计数器
    if(TRUE == IsTxWaitFrameTimeout())
    {
            // 发送超时, 网络层回到 IDLE 状态, 等待下一次连接
            *m_peNextStatus = IDLE;

            return N_TIMEOUT_Bs;
    }

    // 设置连续帧标识
    (void)CANTP_SetFrameType(CF, &aTxDataBuf[0u]);

    // 设置 SN
    SetTxSN(&aTxDataBuf[0u]);

    // 计算发送长度
    TxLen = gs_stCanTPTxDataInfo.stCanTpDataInfo.xFFDataLen
```

```
                    - gs_stCanTPTxDataInfo.stCanTpDataInfo.xPduDataLen;

    // 设置网络层传输状态, 并注册相关回调函数
    CANTP_SetTxMsgStatus(CANTP_TX_MSG_WAITTING);
    CANTP_RegisterTxMsgCallBack(CANTP_DoTransmitCFCallBack);

    // 待发送数据长度大于 CF_DATA_MAX_LEN, 连续帧发送 7B 数据
    if(TxLen >= CF_DATA_MAX_LEN)
    {
            // 设置连续帧数据缓冲区
            fsl_memcpy(&aTxDataBuf[1u],
                        &gs_stCanTPTxDataInfo.stCanTpDataInfo.aDataBuf \
                        [gs_stCanTPTxDataInfo.stCanTpDataInfo.xPduDataLen],
                        CF_DATA_MAX_LEN);

            // 发送连续帧 CAN 报文
            if(TRUE != g_stCANUdsNetLayerCfgInfo.pfNetTxMsg(
                        gs_stCanTPTxDataInfo.stCanTpDataInfo.xCanTpId,
                        sizeof(aTxDataBuf),
                        aTxDataBuf,
                        CANTP_TxMsgSuccessfulCallBack,
                        g_stCANUdsNetLayerCfgInfo.txBlockingMaxTimeMs))
            {
                    // 发送失败处理
                    CANTP_SetTxMsgStatus(CANTP_TX_MSG_FAIL);
                    CANTP_RegisterTxMsgCallBack(NULL_PTR);

                    // 发送失败, 网络层回到 IDLE 状态, 等待下一次连接
                    *m_peNextStatus = IDLE;

                    /*request transmitted application message failed.*/
                    return N_ERROR;
            }

            AddTxDataLen(CF_DATA_MAX_LEN);
    }
// 待发送数据长度小于 CF_DATA_MAX_LEN, 此时是最后一帧连续帧
    else
    {
            // 设置连续帧数据缓冲区
            fsl_memcpy(&aTxDataBuf[1u],
                        &gs_stCanTPTxDataInfo.stCanTpDataInfo.aDataBuf \
```

```
                            [gs_stCanTPTxDataInfo.stCanTpDataInfo.xPduDataLen],
                            TxLen);

            aTxAllLen = TxLen + 1u;

            // 发送连续帧 CAN 报文
            if(TRUE != g_stCANUdsNetLayerCfgInfo.pfNetTxMsg(
                            gs_stCanTPTxDataInfo.stCanTpDataInfo.xCanTpId,
                            aTxAllLen,
                            aTxDataBuf,
                            CANTP_TxMsgSuccessfulCallBack,
                            g_stCANUdsNetLayerCfgInfo.txBlockingMaxTimeMs))
            {
                    // 发送失败处理
                    CANTP_SetTxMsgStatus(CANTP_TX_MSG_FAIL);
                    CANTP_RegisterTxMsgCallBack(NULL_PTR);

                    // 发送失败, 网络层回到 IDLE 状态, 等待下一次连接
                    *m_peNextStatus = IDLE;

                    /*request transmitted application message failed.*/
                    return N_ERROR;
            }

            AddTxDataLen(TxLen);
    }

    // 开启 As 超时计数器
    TXFrame_SetTxMsgWaitTime(g_stCANUdsNetLayerCfgInfo.xNAs);

    // 切换网络层状态 WAITTING_TX
    *m_peNextStatus = WAITTING_TX;

    return N_OK;
}
```

2. 网络层实体接收连续帧

网络层实体接收连续帧的程序如下。

```
//===============================================================
// 函数名称: CANTP_DoReceiveCF
```

```
// 参数说明：m_stMsgInfo：CAN 消息结构
//           m_peNextStatus：网络层处理协议状态
// 函数返回：tN_Result
// 功能说明：CAN 网络层接收连续帧消息处理函数
//========================================================================
static tN_Result CANTP_DoReceiveCF(tCanTpMsg * m_stMsgInfo,
                                   tCanTpWorkStatus *m_peNextStatus)
{
       ASSERT(NULL_PTR == m_peNextStatus);

       // 检查接收是否超时
       if(TRUE == IsWaitCFTimeout())
       {
              *m_peNextStatus = IDLE;

              return N_TIMEOUT_Cr;
       }

       // 检查接收信息的有效性
       if(0u == m_stMsgInfo->msgLen || TRUE == m_stMsgInfo->isFree)
       {
              /*waitting CF message, It's normally for not received CAN
message in the step.*/
              return N_OK;
       }

       // 在拆分数据接收期间，检查接收到 SF 或 FF 后，网络层回到 IDLE 状态，等待下一次连接
       if((TRUE == IsSF(m_stMsgInfo->aMsgBuf[0u]))
       ||(TRUE == IsFF(m_stMsgInfo->aMsgBuf[0u])))
       {
              *m_peNextStatus = IDLE;

              return N_UNEXP_PDU;
       }

       if(gs_stCanTPRxDataInfo.stCanTpDataInfo.xCanTpId != m_stMsgInfo->xMsgId)
       {
              return N_ERROR;
       }

       // 检查连续帧标识
       if(TRUE != IsCF(m_stMsgInfo->aMsgBuf[0u]))
```

```
{
        return N_ERROR;
}

// 检查 SN 是否有效
if(TRUE != IsRevSNValid(m_stMsgInfo->aMsgBuf[0u]))
{
        return N_WRONG_SN;
}

// 诊断数据接收完成
if(TRUE == IsReciveCFAll(m_stMsgInfo->msgLen - 1u))
{
        // 将诊断数据发送到数据缓冲区
        fsl_memcpy(
                &gs_stCanTPRxDataInfo.stCanTpDataInfo.aDataBuf      \
                [gs_stCanTPRxDataInfo.stCanTpDataInfo.xPduDataLen],
                &m_stMsgInfo->aMsgBuf[1u],
                gs_stCanTPRxDataInfo.stCanTpDataInfo.xFFDataLen
                - gs_stCanTPRxDataInfo.stCanTpDataInfo.xPduDataLen);

        // 将诊断数据存放到 RxFIFO
        (void)CANTP_CopyAFrameDataInRxFifo(
                    gs_stCanTPRxDataInfo.stCanTpDataInfo.xCanTpId,
                    gs_stCanTPRxDataInfo.stCanTpDataInfo.xFFDataLen,
                    gs_stCanTPRxDataInfo.stCanTpDataInfo.aDataBuf);

        // 网络层回到 IDLE 状态，等待下一次连接
        *m_peNextStatus = IDLE;

}
// 诊断数据未接收完
else
{
        // 处理 BlockSize OVERFLOW
        if(TRUE == IsRxBlockSizeOverflow())
        {
            // 开启 Br 超时计数器
            RXFrame_SetTxMsgWaitTime(g_stCANUdsNetLayerCfgInfo.xNBr);

            // 网络层状态切换到 TX_FC，发送流控帧
            *m_peNextStatus = TX_FC;
```

```
        }
        // 处理 BlockSize 未 OVERFLOW
        else
        {
                // 设置 SN 参数
                AddWaitSN();

                // 开启 Cr 超时计数器
                RXFrame_SetRxMsgWaitTime(g_stCANUdsNetLayerCfgInfo.xNCr);
        }

        // 将诊断数据发送到数据缓冲区
        fsl_memcpy(
                &gs_stCanTPRxDataInfo.stCanTpDataInfo.aDataBuf \
                [gs_stCanTPRxDataInfo.stCanTpDataInfo.xPduDataLen],
                &m_stMsgInfo->aMsgBuf[1u],
                m_stMsgInfo->msgLen - 1u);

        AddRevDataLen(m_stMsgInfo->msgLen - 1u);
    }

    return N_OK;
}
```

6.3.5 TP 层参数

网络层定时参数的定义,读者可以参考网络层协议章节的描述。网络层定时参数在软件实现时是一系列的定时器,定时器的实现简单,本文不再赘述,其核心是网络层实体在信息拆分传输和未拆分传输的不同阶段,使用协议要求的超时机制确保网络层通信的稳定可靠。网络层参数也是诊断协议栈测试时的重点内容。

OEM 常用的流控制参数要求和网络层定时参数要求分别见表 6-30 和表 6-31。

表 6-30　流控制参数要求

参数	缩写	应用模式	引导程序模式
块大小	BS	8	0
连续帧间隔时间	STmin	20	0
等待流控制帧发送次数最大值	N_WFTmax	0	

注:应用模式指 ECU 运行应用程序,引导程序模式指 ECU 运行 BootLoader 程序。

表 6-31　网络层定时参数要求

参数	增强型诊断	
	超时值 /ms	性能要求 /ms
N_As	70	—
N_Ar	70	—
N_Bs	150	—
N_Br	—	< 70
N_Cs	—	< 70
N_Cr	150	—

为提高网络层通信效率，通常将 N_WFTmax 设置为 0，即不允许使用等待流控制帧。引导程序模式中 STmin 和 BS 参数设置为 0，是为了缩短 BootLoader 模式下网络层通信交互时间，提高程序升级效率。

6.4　通信报文解析

本节以一个诊断通信的实例，介绍诊断通信的过程，特别是网络层单帧传输和多帧传输的过程。

诊断设备（客户端，地址 7E0）向 ECU（服务器，地址 7E8）写入 DID（0xFF01）数据（0x01 至 0x15 共 21B）时的通信报文见表 6-32，无效数据字节为 0x55。

表 6-32　通信报文

序号	Tx/Rx	ID（Hex）	诊断数据（Hex）
1	Tx	7E0	02 10 03 55 55 55 55 55
2	Rx	7E8	06 50 03 00 32 01 F4 55
3	Tx	7E0	02 27 01 55 55 55 55 55
4	Rx	7E8	06 67 01 A1 A2 A3 A4 55
5	Tx	7E0	06 27 02 A4 A3 A2 A1 55
6	Rx	7E8	02 67 02 55 55 55 55 55
7	Tx	7E0	10 18 2E FF 01 01 02 03
8	Rx	7E8	30 00 00 55 55 55 55 55
9	Tx	7E0	21 04 05 06 07 08 09 0A
10	Tx	7E0	22 0B 0C 0D 0E 0F 10 11
11	Tx	7E0	23 12 13 14 15 55 55 55
12	Rx	7E8	03 6E FF 01 55 55 55 55

其中，写入 DID 需要三个过程：设置 ECU 进入扩展模式、ECU 解锁、写

入 DID。这些过程需要使用 UDS 的 0x10 服务、0x27 服务和 0x2E 服务，读者可参考后续章节关于这些诊断服务的说明。

6.4.1 单包报文传输

表 6-32 中 1～6 为诊断设备和 ECU 之间的未拆分信息的传输。其中：

1）通信报文 1 为诊断设备向 ECU 发送的进入扩展模式的诊断请求。报文中 Byte0：02 为单帧 PCI，单帧数据长度为 2。诊断数据 10 03 为 10 服务请求进入扩展会话模式。

2）通信报文 2 为 ECU 向诊断设备发送的进入扩展模式的诊断响应。报文中 Byte0：06 为单帧 PCI，单帧数据长度为 6。诊断数据 50 03 00 32 01 F4 为 10 服务的积极响应。

3）通信报文 3 为诊断设备向 ECU 发送的 27 服务请求种子的诊断请求。报文中 Byte0：02 为单帧 PCI，单帧数据长度为 2。诊断数据 27 01 为请求种子。

4）通信报文 4 为 ECU 向诊断设备发送的 27 服务请求种子的诊断响应。报文中 Byte0：06 为单帧 PCI，单帧数据长度为 6。诊断数据 67 01 A1 A2 A3 A4 中后四个字节为请求的种子。

5）通信报文 5 为诊断设备向 ECU 发送的 27 服务验证密钥的诊断请求。报文中 Byte0：06 为单帧 PCI，单帧数据长度为 6。诊断数据 27 02 A4 A3 A2 A1 的后四个字节为诊断设备生成的密钥。

6）通信报文 6 为 ECU 向诊断设备发送的 27 服务验证密钥的诊断响应。报文中 Byte0：02 为单帧 PCI，单帧数据长度为 2。诊断数据 67 02 为积极响应，代表 ECU 校验密钥通过，解锁完成。

6.4.2 多包报文传输

表 6-32 中 7～12 为诊断设备和 ECU 之间的拆分信息的传输。其中：

1）通信报文 7 为诊断设备向 ECU 发送的向 DID 中写数据的诊断请求。报文中 Byte0～Byte1：10 18 为首帧 PCI，首帧数据长度为 24。诊断数据 2E FF 01 01 02 03 为请求的 DID 信息和写入的 1～3B 的内容。

2）通信报文 8 为拆分信息传输期间 ECU 向诊断设备发送的流控制帧。报文中 Byte0～Byte2：30 00 00 为流控帧 PCI，流控信息（FS）为 0，块大小（BS）为 0，间隔时间（STmin）为 0。流控帧中不包含诊断数据。

3）通信报文 9 为诊断设备向 ECU 发送的向 DID 中写数据的诊断请求。报文中 Byte0：21 为连续帧 PCI，序列号（SN）为 1。诊断数据 04 05 06 07 08 09 0A 为写入的 4～10B 的内容。

4）通信报文 10 为诊断设备向 ECU 发送的向 DID 中写数据的诊断请求。

报文中 Byte0 : 22 为连续帧 PCI，序列号（SN）为 2。诊断数据 0B 0C 0D 0E 0F 10 11 为写入的 11 ~ 17B 的内容。

5）通信报文 11 为诊断设备向 ECU 发送的向 DID 中写数据的诊断请求。报文中 Byte0 : 23 为连续帧 PCI，序列号（SN）为 3。诊断数据 12 13 14 15 为写入的 18 ~ 21B 的内容。

6）通信报文 12 为 ECU 向诊断设备发送的向 DID 中写数据的诊断响应。报文中 Byte0 : 03 为单帧 PCI，单帧数据长度为 3。诊断数据 6E FF 01 为积极响应，代表 ECU 写入 DID 成功。

第 7 章

诊断应用层及其实现

电动汽车包含的电控单元越来越多，车辆制造商对电控零部件的配置和维护需求也越来越多，并且随着 OTA 等新技术的革新，乘用车和商用车电控单元都要支持诊断系统的实现。诊断应用层协议是电控单元方便维护和高度可配置化的基础。本章介绍诊断系统中诊断应用层，即 ISO 14229 的内容。

本章从电控单元的角度出发，重点介绍诊断应用层的重要概念和常用的服务以及诊断应用层参数，对远程诊断和路由等不作介绍，读者可自行查阅相关标准。诊断系统涉及很多概念，在本章的介绍部分和 7.3 ~ 7.5 节，将阐述诊断系统的核心概念，读者可先对这些部分进行了解；7.7 ~ 7.8 节讲解常见的诊断服务和诊断应用层参数，这些诊断服务也是目前大多数车辆制造商的诊断规范中常用的；7.9 节是本章中包含的诊断服务的示例，并对所有服务作了详细的解释。

阅读本章节前，建议读者首先理解如下诊断术语。

1. 约定

ISO 14229 和本文中大量使用"约定"一词，用来表示对相关条目的遵守情况。'M'代表强制项（应当满足）；'U'代表用户可选项（根据用户使用情况而定）；'C'表示条件项（基于特定条件，需要满足）。需要注意的是对电控单元的约定和电控单元的实现取决于车辆制造商的诊断规范。

2. 数据标识符

和其他协议一样，ISO 14229 标准包含众多数据标识符，SID、DID、RID 等都是标识符。使用标识符是为了使用抽象的数字符号描述具体的条目。读者在了解标准规定的标识符的同时，也不必拘泥于此，重要的是了解细标识符的实际细节。

3. 诊断数据

诊断数据是电子控制单元内存数据，此数据可通过测试仪检查或更改。诊断数据包括模拟输入和输出、数字输入和输出、中间值和各种状态信息，以及测速、节气门开度、视镜位置、ECU 系统状态等车辆信息。

诊断数据包含三类：

1）当前值，电子控制单元正常操作时采样的值；

2）存储值，特定时刻（如故障发生时或周期性）当前值的内部复制值；

3）静态值，如存储在 ECU 非易失性存储器中的 VIN 信息等。

4. 诊断程序

诊断程序是集成在电子控制单元内的程序，此程序可在客户端发出诊断请求时由服务器启动。ECU 中的诊断程序可以取代正常操作程序运行，如 ECU 在下线检测时不执行正常操作程序，而执行诊断程序以检测 ECU 功能或参数标定等。ECU 中的诊断程序也可与正常操作程序并行执行。

5. 诊断服务

诊断服务为以从服务器获取诊断信息和更改诊断目的的支配行为，并且由客户端启用的信息交换。

6. 客户端（Client）

客户端是诊断请求的提出者，在诊断系统中通常指诊断仪或运行在 PC 上的可以进行诊断通信的软件。

7. 服务器（Server）

服务器是诊断响应的提供者，在诊断系统中通常是指能够进行诊断通信和记录故障的 ECU。

8. 源地址

诊断应用层源地址或应用层源地址表示客户端和服务器标识符编码。对于服务请求，原地址标识客户端发送诊断请求时的功能地址，如诊断仪使用 ID 为 0x7E0 的报文发送诊断请求，源地址即为 0x7E0。对于服务响应，源地址表示执行请求诊断服务的服务器功能地址。

9. 目标地址

诊断应用层目标地址或应用层目标地址用于标识客户端和服务器标识符编码。对于服务请求，目标地址表示执行请求诊断服务的服务器标识符。对于服务响应，目标地址表示请求诊断服务的客户端功能地址。诊断应用层规定了两种方式的寻址方式（请参考寻址概念章节）：物理寻址和功能寻址。因此诊断应用层一般定义两种独立的目标地址，物理寻址和功能寻址各采用一组。

7.1 诊断应用层的作用

诊断应用层即应用层服务，提供了诊断通信管理、数据传输、存储数据传输、上传下载、例程等五大类诊断功能。应用层服务基于客户端 - 服务器的系统，实现各项功能，如车载服务器测试、检查、检测或诊断。在诊断系统中，客户端使用应用层服务请求一个或多个服务器内实现的诊断功能，服务器使用应用层服务将请求诊断服务提供的响应数据发回到客户端。

7.2　寻址概念

前面章节介绍了汽车车载总线通信技术。通常，多个 ECU 之间通过总线连接并进行实时通信，诊断设备和 ECU 通信时也接入总线。

诊断设备进行车辆诊断时需要访问总线上的所有 ECU，诊断设备和 ECU 之间的信息传递就存在诊断设备与某个特定 ECU 之间传递和诊断设备与多个 ECU 之间传递两种形式，这种信息传递方式就是 ISO 14229 标准所述的寻址概念。

7.2.1　物理寻址

物理寻址是客户端和服务器之间一对一的诊断通信方式，客户端发出的诊断请求只有单一的服务器进行响应。图 7-1 所示为物理寻址示意，其中测试仪（Tester）发出的诊断请求只有节点 D 响应。

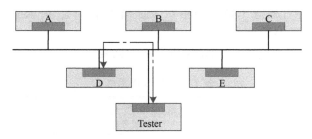

图 7-1　物理寻址示意

7.2.2　功能寻址

功能寻址是客户端和服务器之间一对多的诊断通信方式。客户端使用功能寻址发出诊断请求，总线上多个 ECU（即服务器）都会做出诊断响应。客户端使用功能寻址发出诊断请求时，服务器是否发出诊断响应取决于诊断系统的要求。诊断系统中功能寻址示意如图 7-2 所示。

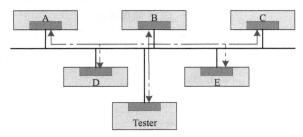

图 7-2　功能寻址示意

7.3 UDS 请求与响应

UDS 请求与响应是 ISO 14229 标准中应用层协议的一部分。客户端和服务器的通信过程可以认为是一问（客户端发送 UDS 请求）一答（服务器回复响应）的形式，除特殊的 UDS 服务，如周期性读取 DID 等，这些服务实际应用极少。应用层协议中有关的 PDU 定义等读者可查阅标准，本节重点介绍其中的应用部分。

7.3.1 UDS 请求

在诊断系统中，客户端如需访问服务器数据、获取故障信息、执行例程等，都需要发送 UDS 请求和服务器建立连接。简单地说，UDS 请求是由客户端经 CAN 总线等介质发出的符合诊断系统规范定义的和服务器交互的诊断信息。UDS 请求包含寻址概念（请参考本章寻址概念章节）、请求服务标识符、UDS 子功能以及请求的参数等内容。

本书使用常规地址模式。UDS 请求格式见表 7-1。

表 7-1 UDS 请求格式

字节号	数据域	描述	约定
#1	SID	UDS 服务标识符	M
#2	sub-function	UDS 子功能	C
#3	Parameter 1	UDS 参数 1	C
......	......	......	......
# N	Parameter N	UDS 参数 N	C

1. UDS 服务标识符

UDS 服务标识符用 1B 的无符号整数值表示，范围是 0x00 ~ 0xFF。ISO 14229 规范定了 0x00 ~ 0xFF 范围内标识符的使用，UDS 服务标识符见表 7-2。

表 7-2 UDS 服务标识符

服务标识符（SI）/Hex	服务类型	定义方
00 ~ 0F	OBD 服务请求标识	ISO 15031-5
10 ~ 3E	ISO 14229 服务请求标识	ISO 14229
3F	不适用	保留
40 ~ 4F	OBD 服务响应标识	ISO 15031-5
50 ~ 7E	ISO 14229 积极响应标识	ISO 14229

（续）

服务标识符（SI）/Hex	服务类型	定义方
7F	消极响应标识	ISO 14229
80	不适用	ISO 14229 保留
81 ~ 82	不适用	ISO 14230 保留
83 ~ 88	ISO 14229 服务请求标识	ISO 14229
89 ~ 9F	服务请求标识	保留未来扩展用
A0 ~ B9	服务请求标识	OEM 定义
BA ~ BE	服务请求标识	供应商定义
BF	不适用	保留
C0	不适用	ISO 14229 保留
C1 ~ C2	不适用	ISO 14230 保留
C3 ~ C8	ISO 14229 积极响应标识	ISO 14229
C9 ~ DF	积极响应标识	保留未来扩展用
E0 ~ F9	积极响应标识	OEM 定义
FA ~ FE	积极响应标识	供应商定义
FF	不适用	保留

　　排放系统（参考前面 OBD 服务的章节）和统一诊断服务的诊断服务标识并不冲突，在诊断系统中进行了统一规定。

　　根据 ISO 14229 的规定，通常情况下，在 UDS 服务请求的标识中，bit6 为 0，其所有积极响应服务的标识符中 bit6 为 1。

　　ISO 14229 为所有诊断服务定义了唯一的标识符（10 ~ 3E、83 ~ 88），且定义了一一对应的积极响应的标识符（50 ~ 7E、C3 ~ C8）。UDS 服务标识符不难理解，通常诊断规范中都使用标识符的十六进制字符标识 UDS 服务，如 10 服务即为会话模式控制服务，不会产生歧义，本文中的部分描述也会使用这种表述。

　　2. UDS 子功能

　　UDS 子功能是 UDS 请求中的可选参数，子功能是 UDS 服务为服务器提供不同的特定功能而定义的，也可以是 OEM 定义的子功能。可选指的是部分 UDS 服务没有子功能，那么该 UDS 请求只包含服务标识符和参数。

　　UDS 子功能参数值的结构见表 7-3，其中尤为需要注意第 7 位的实现。

表 7-3　UDS 子功能参数值的结构

Bit 位	说明
7	suppressPosRspMsgIndicationBit 抑制积极响应消息指示位。此位表示服务器是否需要抑制积极响应消息，即客户端发送包含子功能的 UDS 请求后，服务器执行完 UDS 服务并且待回复积极响应消息时，若子功能的第 7 位为 1，则服务器无须回复。需要注意的时，虽然不回复积极响应，但是需要根据规范要求回复消极响应消息。 　　对于给定的 UDS 服务，虽然服务器不需要回复积极响应消息，但是仍然需要支持 6～0 位的子功能参数。 　　该位为 0 时，不抑制积极响应消息，即服务器需要根据要求回复积极响应消息。
6～0	子功能参数值。 6～0 位包含服务子功能参数值，范围为 0x00～0x7F。

UDS 子功能参数值为 7 位（6～0 位），该参数包含多个值，用于进一步规范服务在不同参数下的行为。

每个 UDS 服务均包含一个规定各个子功能的参数表，如 10 服务支持 01（默认会话模式）、02（编程会话模式）、03（扩展会话模式）等子功能，后续章节介绍 UDS 子功能时仅考虑第 6～0 位。

3. UDS 参数

此处的 UDS 参数指 UDS 服务请求中的参数部分，UDS 参数也是 UDS 请求中的可选参数，这意味着部分 UDS 服务不需要携带参数数据。

UDS 参数的请求格式见表 7-1。

UDS 参数不是统一规定的，是由用户应用产生的，用户应用时每个包含 UDS 参数的服务都有不同的参数，ISO 14229 规范提供了如 DID、RID、DTC 等参数的定义。

7.3.2　UDS 响应

UDS 响应即服务器对客户端的 UDS 请求的响应。服务器接收到客户端的请求需要对接收的消息进行验证，验证的准则包含 UDS 规范对诊断数据的强制规定、选用数据以及 OEM 规定等。UDS 是灵活的应用，服务器端对 UDS 请求的验证在不同的厂商要求下有不同的规定。

UDS 积极响应格式和消极响应格式见表 7-4 和表 7-5。

表 7-4　UDS 积极响应格式

字节号	数据域	描述	约定
#1	SID + 0x40	积极响应服务标识符	M
#2	sub-function	UDS 请求的子功能	C
#3	Parameter 1	UDS 响应参数 1	C
……	……	……	……
#N	Parameter N	UDS 响应参数 N	C

表 7-5　UDS 消极响应格式

字节号	数据域	描述	约定
#1	0x7F	消极响应服务标识符	M
#2	SID	UDS 请求服务标识符	M
#3	NRC	消极响应码	M

积极响应的服务标识符为 "SID + 0x40"，带有子功能的 UDS 响应中一般也包含子功能，其余字节均为 UDS 响应参数。

消极响应的格式确定为 "0x7F + SID + NRC" 的固定格式。

客户端接收到服务器端的响应后根据上述格式进行判断，如果是积极响应，即可提取响应中的数据进行进一步处理；如果是消极响应，则判断是何种响应错误，但是消极响应码 0x78 除外。

1. 不带子功能的请求消息服务器响应分析

（1）物理寻址模式下不带子功能的请求消息服务器响应分析　在物理寻址模式下不带子功能的请求消息服务器响应行为见表 7-6。

表 7-6　物理寻址模式下不带子功能的请求消息服务器响应行为

案例	客户端请求消息	服务器功能		服务器响应		服务器响应行为
	寻址模式	支持 SID	支持参数	消息	消极响应码	
1	物理寻址	是	全部	积极响应	—	发送积极响应
2			至少支持 1 个		—	发送积极响应
3			全部支持或至少支持 1 个	消极响应	× ×	发送消极响应，因为读取请求消息参数时发生错误
4			无		ROOR	发送消息响应码为 31 的消极响应
5		否	—		SNS	发送消息响应码为 11 的消极响应

注：1. 案例 1 为服务器发送积极响应消息，因为服务器支持客户端的请求消息的服务标识符和所有参数。

2. 案例 2 为服务器发送积极响应消息，因为服务器支持客户端请求消息的服务标识符和至少一个数据参数。

3. 案例 3 为服务器发送消极响应消息，虽然服务器支持客户端请求消息的服务标识符和至少一个数据参数，但是出现请求消息长度不符等错误。

4. 案例 4 为服务器发送消极响应，消极响应码为 31（ROOR），因为服务器支持客户端请求消息的服务标识符，但是不支持客户端请求的消息的数据参数。

5. 案例 5 为服务器发送消极响应，消极响应码为 11（SNS），因为服务器不支持客户端请求消息的服务标识符。

（2）功能寻址模式下不带子功能的请求消息服务器响应分析　在功能寻址

模式下不带子功能的请求消息服务器响应行为见表 7-7。

表 7-7　功能寻址模式下不带子功能的请求消息服务器响应行为

案例	客户端请求消息		服务器功能		服务器响应		服务器响应行为
	寻址模式	支持 SID	支持参数	消息	消息	消极响应码	
1	功能寻址	是	全部	积极响应	—	发送积极响应
2			至少支持 1 个		—	发送积极响应
3			全部支持或至少支持 1 个	消极响应	××	服务器发送消极响应，因为读取请求消息参数时发生错误
4			无	无响应	—	不发送响应
5		否			—	不发送响应

注：1. 案例 1 为服务器发送积极响应消息，因为服务器支持客户端的请求消息的服务标识符和所有参数。
　　2. 案例 2 为服务器发送积极响应消息，因为服务器支持客户端请求消息的服务标识符和至少一个数据参数。
　　3. 案例 3 为服务器发送消极响应消息，虽然服务器支持客户端请求消息的服务标识符和至少一个数据参数，但是出现请求消息长度不符等错误。
　　4. 案例 4 为服务器不发送响应，因为服务器支持客户端请求消息的服务标识符，但是不支持客户端请求消息的参数，在功能寻址模式下，消极响应码 ROOR 被抑制。
　　5. 案例 5 为服务器不发送响应，因为服务器不支持客户端请求消息的服务标识符，在功能寻址模式下，消极响应码 SNS 被抑制。

2. 带子功能的请求消息服务器响应分析

（1）物理寻址模式下带子功能的请求消息服务器响应分析　在物理寻址模式下带子功能的请求消息服务器响应行为见表 7-8。

表 7-8　物理寻址模式下带子功能的请求消息服务器响应行为

案例	客户端请求消息		服务器功能			服务器响应		服务器响应行为
	寻址模式	子功能的 bit7	支持 SID	支持子功能	支持参数	消息	消极响应码	
1	物理寻址	0	是	是	至少支持 1 个	积极响应	—	发送积极响应
2						消极响应	××	发送消极响应，因为读取请求消息参数时发生错误

（续）

案例	客户端请求消息		服务器功能			服务器响应		服务器响应行为
	寻址模式	子功能的bit7	支持SID	支持子功能	支持参数	消息	消极响应码	
3		0	否	—	—	消极响应	SNS	发送消极响应，消极响应码 0x11
4			是	否	—		SFNS	发送消极响应，消极响应码 0x12
5	物理寻址	1	是	是	至少支持1个	无响应	—	不发送响应
6					—		××	发送消极响应，因为读取请求消息参数时发生错误
7			否	—	—	消极响应	SNS	发送消极响应，消极响应码 0x11
8			是	否	—		SFNS	发送消极响应，消极响应码 0x12

注：1. 案例 1 为服务器发送积极响应，因为服务器支持客户端请求消息的服务标识符和子功能参数。

　　2. 案例 2 为服务器发送消极响应消息，虽然服务器支持客户端请求消息的服务标识符和子功能，但是出现请求消息长度不符等错误。

　　3. 案例 3 为服务器发送消极响应，消极响应码为 SNS，因为服务器不支持客户端请求消息的服务标识符。

　　4. 案例 4 为服务器发送消极响应，消极响应码为 SFNS，因为服务器不支持客户端请求消息的子功能参数。

　　5. 案例 5 为服务器不发送响应，因为服务器支持客户端请求消息的服务标识符和子功能参数，但是抑制积极响应指示位为 1。如果服务器给出 RCRRP 的消极响应码，则服务器可以发出携带该消极响应码的消极响应。

　　6. 案例 6 为服务器发送消极响应，虽然服务器支持客户端请求消息的服务标识符和子功能，但是出现请求消息长度不符等错误。在物理寻址模式下，服务器可以忽略抑制积极响应指示位发送任何消极响应。

　　7. 案例 7 为服务发送消极响应，因为服务器不支持客户端请求消息的服务标识符。在物理寻址模式下，服务器可以忽略抑制积极响应指示位发送任何消极响应。

　　8. 案例 8 为服务器发送消极响应，因为服务器不支持客户端请求消息的子功能参数。在物理寻址模式下，服务器可以忽略抑制积极响应指示位发送任何消极响应。

（2）功能寻址模式下带子功能的请求消息服务器响应分析　在功能寻址模式下带子功能的请求消息服务器响应行为见表 7-9。

表 7-9　功能寻址模式下带子功能的请求消息服务器响应行为

案例	客户端请求消息		服务器功能			服务器响应		服务器响应行为
	寻址模式	子功能的bit7	支持SID	支持子功能	支持参数	消息	消极响应码	
1	功能寻址	0	是	是	至少支持1个	积极响应	—	发送积极响应
2						消极响应	××	发送消极响应，因为读取请求消息参数时发生错误
3					无	无响应	—	不发送响应
4			否	—	—		—	不发送响应
5			是	否	—		—	不发送响应
6		1	是	是	至少支持1个		—	不发送响应
7						消极响应	××	发送消极响应，因为读取请求消息参数时发生错误
8					无	无响应		不发送响应
9			否	—	—			不发送响应
10			是	否	—			不发送响应

注：1. 案例 1 为服务器发送积极响应，因为服务器支持客户端请求消息的服务标识符和子功能参数。

2. 案例 2 为服务器发送消极响应消息，虽然服务器支持客户端请求消息的服务标识符和子功能，但是出现请求消息长度不符等错误。

3. 案例 3 为服务器不发送响应，服务器支持客户端请求消息的服务标识符合子功能但是不支持请求的参数，消极响应码 ROOR 在功能寻址模式下被抑制（即不被发送，注意是寻址模式的影响，不是消极响应指示位的影响）。

4. 案例 4 为服务器不发送响应，服务器不支持客户端请求消息的服务标识符，但是消极响应码 SNS 在功能寻址模式下被抑制（即不被发送，注意是寻址模式的影响，不是消极响应指示位的影响）。

5. 案例 5 为服务器不发送响应，服务器不支持客户端请求消息的子功能参数，但是消极响应码 SFNS 在功能寻址模式下被抑制（即不被发送，注意是寻址模式的影响，不是消极响应指示位的影响）。

6. 案例 6 为服务器不发送响应，服务器支持客户端请求消息的服务标识符合子功能以及参数，但是消极响应指示位为 1。特殊情况，如果服务器发出消极响应码为 RCRRP 的消极响应，那么忽略消极响应指示位，发出响应。

7. 案例 7 为服务器发送消极响应消息，虽然服务器支持客户端请求消息的服务标识符和子功能，但是出现请求消息长度不符等错误。在功能寻址模式下，服务器可以忽略抑制积极响应指示位发送任何消极响应。

8. 案例 8 为服务器不发送响应，服务器支持客户端请求消息的服务标识符合子功能但是不支持请求的参数，消极响应码 ROOR 在功能寻址模式下被抑制（即不被发送，注意是寻址模式的影响，不是消极响应指示位的影响）。

9. 案例 9 为服务器不发送响应，服务器不支持客户端请求消息的服务标识符，但是消极响应码 SNS 在功能寻址模式下被抑制（即不被发送，注意是寻址模式的影响，不是消极响应指示位的影响）。

10. 案例 10 为服务器不发送响应，服务器不支持客户端请求消息的子功能参数，但是消极响应码 SFNS 在功能寻址模式下被抑制（即不被发送，注意是寻址模式的影响，不是消极响应指示位的影响）。

3. UDS 响应处理

服务器除了要执行 UDS 服务本身的功能和子功能外，需要对客户端请求消息中的各个参数进行处理。本小节内容来自 ISO 14229—2013 版，目的是让读者了解服务器的响应行为。

（1）一般服务器响应行为　一般服务器响应行为是针对所有客户端请求消息的强制规定。客户端的请求包含的数据分为 3 类：规范强制规定的、可选的、OEM 或供应商指定的。一般服务器响应行为如图 7-3 所示。

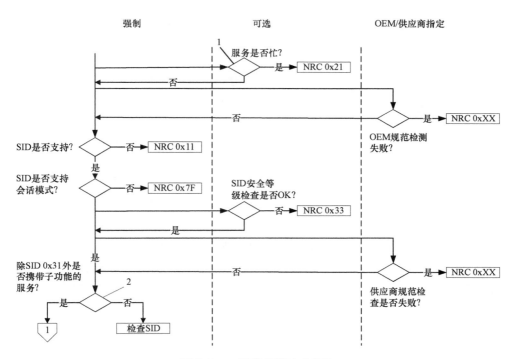

图 7-3　一般服务器响应行为

注："1"表示服务器在处理某个客户端的请求时，不能接收其他客户端的诊断请求；"2"表示参考每个服务各自的响应行为（支持的消极响应码）。

（2）带子功能参数的请求消息服务器响应行为　带子功能参数的请求消息服务器响应行为如图 7-4 所示。

（3）服务器响应行为代码实现　服务器接收到客户端请求时执行的代码如下所示。

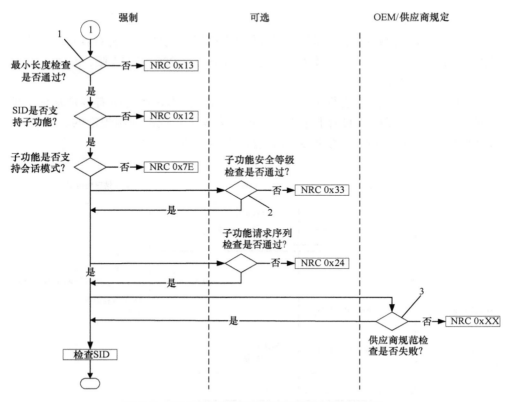

图 7-4　带子功能参数的请求消息服务器响应行为

注："1"中最小长度至少是 2（SID 和子 sub-function 两个参数）；"2"表示如果某个 SID 的子功能有请求有顺序要求（如安全认证，连接控制等服务）；"3"表示参考每个服务各自的响应行为（支持的消极响应码）。

```
SWITCH (A_PDU.A_Data.A_PCI.SI)
{
    /* test if service with subFunction is supported */
    CASE Service_with_subFunction:

        /* get subFunction parameter value without bit 7 */
        SWITCH (A_PDU.A_Data.A_Data.Parameter1 & 0x7F)
        {
            /* test if subFunction parameter value is supported */
            CASE subFunction_00:
                IF (message_length == expected_subFunction_message_length) THEN
                    : /* prepare response message */
                    /* positive response message; set internal NRC = 0x00 */
```

```
                responseCode = positiveResponse;
            ELSE
                /* NRC 0x13: incorrectMessageLengthOrInvalidFormat */
                responseCode = IMLOIF;
            ENDIF
            BREAK;
        /* test if subFunction parameter value is supported */
        CASE subFunction_01:
            : /* prepare response message */
            :
            /* positive response message; set internal NRC = 0x00 */
            responseCode = positiveResponse;
            :
            :
        /* test if subFunction parameter value is supported */
        CASE subFunction_127:
            : /* prepare response message */
            /* positive response message; set internal NRC = 0x00 */
            responseCode = positiveResponse;
            BREAK;
        DEFAULT:
            /* NRC 0x12: subFunctionNotSupported */
            responseCode = SFNS;
    }
/* test if service without subFunction is supported */
CASE Service_without_subFunction:
    /* flag to send the response message */
    suppressResponse = FALSE;
    IF (message_length == expected_message_length) THEN
        /* test if data parameter following the SID is supported*/
        IF (A_PDU.A_Data.Parameter1 == supported) THEN
            : /* read data and prepare response message */
            /* positive response message; set internal NRC = 0x00 */
            responseCode = positiveResponse;
        ELSE
            /* NRC 0x31: requestOutOfRange */
            responseCode = ROOR;
        ENDIF
    ELSE
        /* NRC 0x13: incorrectMessageLengthOrInvalidFormat */
        responseCode = IMLOIF;
    ENDIF
```

```
        BREAK;
    DEFAULT:
        /* NRC 0x11: serviceNotSupported */
        responseCode = SNS;
}
IF (A_PDU.TA_type == functional &&
    ( (responseCode == SNS) || (responseCode == SFNS) || (responseCode ==
ROOR))) THEN
    : /* suppress negative response message */
ELSE
    IF (suppressResponse == TRUE) THEN
        : /* suppress positive response message */
    ELSE
        : /* send negative or positive response */
    ENDIF
ENDIF
```

4. 响应码及列表

ISO 14229 规定的消极响应码为 1B 的十六进制数，范围为 0x00 ~ 0xFF。其中：

00(hex) 为服务器内部实现的积极响应参数值；

01(hex) ~ 7F(hex) 为通信相关的消极响应码；

80(hex) ~ FF(hex) 为服务器接收到客户端请求后，用于指示规定条件不正确的消极响应码。

ISO 14229 定义的消极响应码见表 7-10。

表 7-10 消极响应码

NRC（hex）	描述	助记符
00	积极响应：该消极响应码不用于消极响应消息，用于系统内部实现	PR
01 ~ 0F	ISO 保留	ISOSAERESRVD
10	通用拒绝：该响应码表示服务器已拒绝所请求的动作，当其他响应码均不满足实现需求时，才使用该响应码。但是该响应码不能成为其他响应码的通用替代码	GR
11	服务不支持：该响应码表示服务器拒绝请求的动作，用于不支持请求的服务。当客户端请求未知或不支持的服务时，服务器会发送该响应码	SNS
12	子功能不支持：该响应码表示服务器拒绝请求的动作，用于不支持请求的子功能参数。当客户端请求的服务中包含未知或不支持的子功能时，服务器会发送该响应码	SFNS

（续）

NRC（hex）	描述	助记符
13	消息长度不正确或格式无效：该响应码表示服务器拒绝请求的动作，由于客户端请求的消息长度和预定义的消息长度不匹配或者参数格式和预定义的参数格式不匹配	IMLOIF
14	响应过长：如果服务器准备发送的响应长度超过网络层协议最大的可用长度，或传输协议规定的最大的可传输长度，则可能产生这种情况	RTL
15～20	ISO 保留	ISOSAERESRVD
21	繁忙重复请求：该响应码表示服务器暂时繁忙，无法执行客户端请求的服务。如在多客户端的系统中，服务器正在执行一个客户端请求的服务时，可以通过该响应码阻止其他客户端的诊断请求	BRR
22	条件不正确：该响应码表示客户端发送的请求不满足服务器的特定条件，或服务器预执行某个诊断服务时不满足该服务预先定义的执行条件	CNC
23	ISO 保留	ISOSAERESRVD
24	请求序列错误：该响应码标识服务器接收客户端的请求后没有与预先定义的执行序列匹配。一般用于序列敏感的请求中。如 27 服务，如果客户端没有按照请求种子→验证密钥的顺序请求，则服务器应发送该消极响应码	PSE
25	子网组件无响应：此消极响应码响应代码（NRC）表示因为需提供所请求信息的子网组件未在规定时间内响应，所以尽管服务器已收到请求，但仍无法执行所请求的动作	NRFSC
26	故障阻碍请求动作的执行：该消极响应码表示因发生了 DTC 识别的故障，该故障会阻碍服务器执行客户端请求的服务，所以不会执行请求的动作	FPEORA
27～30	ISO 保留	ISOSAERESRVD
31	请求超出范围：该消极响应码表示服务器接收到客户端的请求，在检查服务携带的参数时，发生参数超出预先定义的范围、服务访问不受支持的地址或数据标识符例 / 程标识符不支持等情况，服务器不会执行请求的动作。一般数据读写等服务都需实现该响应码	ROOR
32	ISO 保留	ISOSAERESRVD
33	安全访问被拒绝：该响应码表示服务器不满足安全策略，不会执行客户端请求的动作。 该响应码可用于下列情况： ◆ 未满足服务器的测试条件； ◆ 请求的序列未满足，如：会话模式控制，安全认证不满足； ◆ 客户端发送了解锁的请求消息	SAD
34	ISO 保留	ISOSAERESRVD

（续）

NRC（hex）	描述	助记符
35	无效密钥：该响应码表示客户端发送的 Key 和服务器的 Key 不匹配，服务器拒绝执行解锁的动作。当服务器接收到这种不匹配的请求时，服务器需要保持锁定的状态，并将 securityAccessFailed 计数器进行累加	IK
36	超出最大尝试次数：该响应码表示客户端发送尝试安全访问的此时超过了服务器预定义的最大次数，服务器拒绝执行客户端请求的动作	ENOA
37	要求的延时时间未到：该响应码表示上一次安全请求规定的执行时间还没有结束，服务器又接收到新的安全请求	RTDNE
38 ~ 4F	扩展数据链路安全保留	RBEDLSD
50 ~ 6F	ISO 保留	ISOSAERESRVD
70	上传下载不接受：该响应码表示服务器由于故障执行客户端请求的数据上传 / 下载的请求	UDNA
71	数据传输暂定：该响应码表示服务器因错误终止了数据传输。正在进行传输数据的序列将会终止	TDS
72	一般编程故障：该响应码表示服务器在对非易失性内存进行擦除或编程时产生错误	GPF
73	错误块序列计数器：该响应码表示客户端和服务器进行数据传输的过程中，服务器检测到 blockSequenceCounter 计数值错误	WBSC
74 ~ 77	ISO 保留	ISOSAERESRVD
78	请求正确接收 - 响应挂起：该响应码表示客户端的请求被正确接收，请求中的所有参数也是有效的，但是服务器执行请求的动作尚未完成或还需要一段时间才能完成，还没有准备好接收新的客户端请求。一旦服务器的动作执行完毕，会立即发送积极响应或消极响应。 服务器在没有完成动作之前，可以重复发送带有该响应码的消极响应。该响应码会影响客户端的定时参数。 服务使用该响应码后，最后必须忽略抑制积极响应指示位的影响发送最后的积极响应或消极响应。典型的应用如在客户端请求服务器擦除内存时，由于擦除内存需要占用 CPU 时间，服务器可先发送该响应码的消极响应，客户端延长相关定时器直到服务器擦除完毕后，再发送擦除内存请求的积极响应或消极响应	RCRRP
79 ~ 7D	ISO 保留	ISOSAERESRVD
7E	当前会话模式不支持请求的子功能：该响应码表示服务器在当前会话模式下不支持客户端请求的子功能	SFNSIAS
7F	当前会话模式不支持请求的服务：该响应码表示服务器在当前会话模式下不支持客户端请求的服务	SNSIAS
80	ISO 保留	ISOSAERESRVD

（续）

NRC（hex）	描述	助记符
81	转速过高：该响应码表示客户端请求的转速超过预先定义的转速范围要求，服务器拒绝执行请求的动作	RPMTH
82	转速过低：该响应码表示客户端请求的转速低于预先定义的转速范围要求，服务器拒绝执行请求的动作	RPMTL
83	发动机正在运转：该响应码表示客户端请求的服务在发动机正在运转期间不能执行	EIR
84	发动机未在运转：该响应码表示客户端请求的服务在发动机未在运转期间不能执行	EINR
85	发动机运转时间过短：该响应码表示客户端请求的服务不满足发动机运转时间的最低要求	ERTTL
86	温度过高：该响应码表示客户端请求的服务不满足预先定义的最高温度的要求	TEMPTH
87	温度过低：该响应码表示客户端请求的服务不满足预先定义的最低温度的要求	TEMPTL
88	转速过高：该响应码表示客户端请求的服务不满足预先定义的最高转速的要求	VSTH
89	转速过低：该响应码表示客户端请求的服务不满足预先定义的最低转速的要求	VSTL
8A	踏板位置过高：该响应码表示客户端请求的服务不满足预先定义的最高踏板位置的要求	TPTH
8B	踏板位置过低：该响应码表示客户端请求的服务不满足预先定义的最低踏板位置的要求	TPTL
8C	变速器不处于空档：该响应码表示客户端请求的服务不满足预先定义的档位要求（空档）	TRNIN
8D	变速器未挂档：该响应码表示客户端请求的服务不满足预先定义的档位要求（非空档）	TRNIG
8E	ISO 保留	ISOSAERESRVD
8F	制动开关未闭合 / 制动踏板未踩下：该响应码表示客户端请求的服务不满足预先定义的制动要求（制动状态）	BSNC
90	变速杆不在驻车位置：该响应码表示客户端请求的服务不满足预先定义的驻车要求（驻车状态）	SLNIP
91	离合器锁止：该响应码表示客户端请求的服务不满足预先定义的离合器要求（阀值不满足或已锁定）	TCCL
92	电压过高：该响应码表示客户端请求的服务不满足预先定义的最高的电压要求	VTH
93	电压过低：该响应码表示客户端请求的服务不满足预先定义的最低的电压要求	VTL
94 ~ FE	规定条件错误保留	RFSCNC
FF	ISO 保留	ISOSAERESRVD

简单来说，消极响应码就是服务器拒绝执行客户端请求时给客户端发送的标识符，客户端可以通过该标识符来判断服务器的行为。尤其需要注意的是消极响应码 78（hex），该响应码不代表客户端发送的请求被服务器拒绝，而是服务器没有完成请求动作的执行，又要在规定的时间内向客户端发送响应，一旦服务器执行完请求的动作后，服务器会主动发出请求的响应。这里的响应才是客户端请求的最终响应，它既可以是积极响应也可以是消极响应。

需要注意的是，并非每个服务都需要支持所有的响应码，每个服务支持的响应码情况应根据服务自身的应用、规范要求、OEM 要求等执行，响应码判断的优先级也是如此。

响应码是诊断测试的重要内容，对响应码的支持程度也是诊断系统性能的体现。

7.4 UDS 会话模式和安全访问

会话模式和安全访问是 UDS 应用的两个重要概念，也是各个 UDS 服务运行的基本要素。无论规范还是 OEM 要求，每个服务都规定了其运行的会话模式和安全访问级别。

会话模式是诊断应用层的状态机之一，ISO 14229 定义的会话模式有三种：默认会话模式、编程会话模式、扩展会话模式。这三种会话模式之间的一般转换如图 7-5 所示。通常，允许从默认会话模式直接切换到扩展会话模式，但是不允许直接从默认会话模式直接切换到编程会话模式；切换编程会话模式通常是先切换到扩展会话模式，再从扩展会话模式切换到编程会话模式。

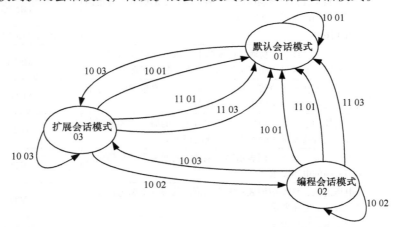

图 7-5　三种会话模式之间的一般转换示意图

安全访问是服务器运行特定诊断功能的重要前提，服务器可以通过安全访问防止非法的访问。

1. 默认会话模式

默认会话模式是诊断会话模式的初始会话模式，即服务器初始化后诊断应用层即处于默认会话模式，直到接收到非默认会话模式切换请求。

通常在默认会话模式下，诊断应用层执行服务权限较低，仅有被配置可在默认会话模式下运行的诊断服务能够执行。

2. 编程会话模式

编程会话模式通常用在 ECU 软件或数据刷写以及 OTA 过程中。应用程序诊断应用层切换编程模式时会复位 ECU，使 ECU 程序重新执行。BootLoader程序诊断应用层的大多数服务一般都配置为在编程会话模式下运行。

3. 扩展会话模式

应用程序的诊断应用层服务一般运行在扩展会话模式下。在扩展会话模式下，诊断应用层会获得较高的执行服务权利。

4. 其他自定义会话模式

其他自定义的会话模式一般是 OEM 或供应商指定的会话模式。这些自定义的会话模式和常规会话模式不同，通常在如 EOL（EndOfLine）等场景下使用。

一般会在自定义会话模式下完成 OEM 或供应商定义的例程服务功能，如为了测试方便，定义一个在自定义会话模式下运行的例程服务来使电机执行零位自学习的功能等。

5. 会话模式转换管理

除图 7-5 所示的简单的会话模式管理外，在复杂的软件环境下 OEM 会定义自己的诊断会话模式转换规范。图 7-6 所示为一种复杂的 ECU 软件诊断会话模式管理。

图 7-6 中的 ECU 软件结构请参考 BootLoader 介绍的章节，因为复杂的转换关系和软件架构的密切相关。

ECU 上电初始化后诊断应用层不需要客户端的请求，默认为默认会话模式。在默认会话模式下接收到客户端的模式转换命令后，ECU 会切换到请求的会话模式，默认会话模式下也不需要启动相关定时器的超时机制，同时默认会话模式不需要模式保持请求来保持当前的会话模式。

在非默认会话模式下，ECU 会启动 S3 定时器超时机制，并且接收到模式请求后的动作也与软件架构相关。编程会话一般由 BootLoader 程序支持，应用程序在接收到编程模式的请求后根据自身情况决定是否复位 ECU。

需要注意的是，诊断应用层只能同时激活一个会话模式，当没有模式切换事件发生时，会保持当前的会话模式，3E 服务能使已经激活的会话模式得到长时间保持。

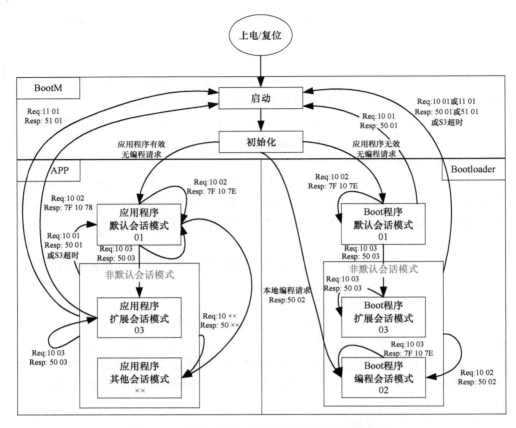

图 7-6　一种复杂的 ECU 软件诊断会话模式管理

6. 安全访问

安全访问是诊断应用层的保护机制，其目的是防止诊断服务的操作未经授权而执行。

通常，应用程序中如果诊断应用层的服务需要访问 ECU 的重要数据或对内存进行擦除以及重编程等，都需要先进行安全访问。BootLoader 程序大多诊断应用层的服务都需要先进行安全访问才能请求执行。

一个 ECU 一般包含两种安全访问级别：应用程序使用一种，BootLoader 程序使用一种。

安全访问过程中客户端和服务器需要进行一个数据加密校验的过程：一是客户端请求种子，服务器向客户端发送一串随机码，客户端使用随机码根据加密算法计算一串密钥；二是客户端将计算好的密钥发送给服务器，服务器使用相同的随机码，也根据相同的加密算法计算生成一串密钥，将接收到的密钥和生成的密钥进行对比，结果相同则认为进行安全访问成功。

一般地，服务器的安全访问次数会做限制，客户端多次尝试安全访问未成功且尝试次数超过上限时，服务器会启动相关定时器，在定时器超时期限内不允许再进行安全访问。

为确保加密算法的保密，一般 OEM 会在 ECU 开发期间发布开发期间的加密算法，在 ECU 量产发布时使用另外一套加密算法进行替换。

7.5　DTC 信息

DTC 即诊断故障代码，简称故障码。DTC 相关的信息有很多，如 DTC 状态、DTC 快照数据以及 DTC 扩展数据等，这些信息构成了故障的全部信息，我们常说的故障诊断就是指 DTC 相关的诊断信息。读取 DTC 信息服务也是支持读取诊断信息的电控单元的核心服务。本节介绍 DTC 信息相关的重要概念。

7.5.1　DTC 格式

故障码的长度为 3B，其格式见表 7-11。

表 7-11　DTC 格式

字节 1	字节 2	字节 3
DTC 高字节	DTC 低字节	DTC 失效类型字节

其中，DTC 高字节和 DTC 低字节代表诊断故障码的编码，DTC 失效类型字节代表故障失效的类型信息，这三者的组合表示了电控单元每个故障的唯一诊断故障代码标识符。DTC 失效类型字节的定义由 ISO 15031 标准定义。

7.5.2　DTC 相关的术语

1）测试：测试是确定电控单元故障状态的车载诊断软件算法，如电压电流过高，温度超过上限等应用逻辑。有些测试在一个操作循环内仅运行一次；有些测试在每个程序循环均运行，即周期性运行。

2）完成：完成表明测试能够确定当前操作循环是否存在故障。

3）测试结果：测试进行或完成后，会产生如下结果：① PreFailed：该状态表明当前测试正在向失败的条件发展。② Failed：该状态表明测试已经完成，且结果为测试失败。③ Passed：该状态表明测试已经完成，且测试结果为测试通过。

4）失效：失效表明电控单元无法实现预期功能。失效可以表明测试结果为 Failed。

5）监测器：监测器由一个或多个测试组成，用于确定电控单元的正常功能。

6）监测周期：监测周期指监测器运行完成的时间。在一个操作循环中监测周期可以执行多次。

7）操作循环：操作循环定义了监测器起始运行条件和结束条件。一个操作循环可能包含多个监测周期（不论测试结果）。电控单元可支持多个操作循环。一个操作循环可以定义为电控单元上电至断电的间隔时间，或点火至熄火的间隔时间。操作循环也可称为驾驶循环。若 DTC 状态位复位状态与操作循环的起点相关，则也能将其视为前一循环的终点。

8）挂起：故障挂起定义为一个故障的测试在当前操作循环或上一个完成的操作循环中测试结果报告为 Failed 状态。当故障在一个操作循环中的测试结果为 Passed 时，挂起状态就会复位。

9）驾驶循环：驾驶循环常用在排放测试相关的系统中。在本书中通常将驾驶循环和操作循环作为相同的解释。

7.5.3 DTC 状态位定义和 DTC 状态掩码

DTC 状态由一个字节长度的数据表示，包含 8 个状态位，每一个位代表 DTC 的一种信息。DTC 状态至少反映了故障在当前操作循环和上一次操作循环的测试结果，客户端在进行故障诊断时就是利用了 DTC 状态这一关键信息。服务器中监测器的运行核心就是 DTC 状态的切换。

DTC 状态字节的定义见表 7-12。

表 7-12　DTC 状态字节的定义

位	定义	描述
7	warningIndicatorRequested	已请求警告指示
6	testNotCompletedThisOperationCycle	本次操作循环测试未完成
5	testFailedSinceLastClear	自上次清除后测试失败
4	testNotCompletedSinceLastClear	自上次清除后测试未完成
3	confirmedDTC	已确认的诊断故障代码
2	pendingDTC	未确认的诊断故障代码
1	testFailedThisOperationCycle	本次操作循环测试失败
0	testFailed	测试失败

1. DTC 状态掩码

DTC 状态掩码包含 8 个 DTC 状态位，8 个位和 DTC 状态的定义相同。DTC 状态掩码通常用于读取 DTC 相关消息的请求服务，以便客户端为状态与

DTC 状态掩码相匹配的 DTC 请求 DTC 信息。同时，匹配前应确保服务器支持该状态位，若服务器不支持该状态位，则不作该位的匹配。

在实际操作中，服务器接收到客户端请求的 DTC 状态掩码后，将 DTC 状态掩码中的位与 DTC 支持的状态位作"与"操作，结果为 1 的位表示匹配成功，则 DTC 的状态就与状态掩码相匹配。匹配过程的代码如下：

```
IF (DTCStatusMask &DTCAvailableStatusMask&DTCStatus != 0)
    Set DTCMatchStatus = Success
ELSE
    Set DTCMatchStatus = Fail
```

2. DTC 状态位 0——testFailed

DTC 状态位 0 的说明见表 7-13，其状态位切换逻辑如图 7-7 所示。

表 7-13　DTC testFailed 状态位说明

说明
testFailed 表示测试失败 该位表示最近的测试结果。逻辑值"1"表示最近一次的故障测试失败。逻辑值"0"表示最近一次的故障测试通过 该位在服务器完成 ClearDiagnosticInformation 服务处理后的值为 0
对应程序

```
IF (initializationFlag_TF = FALSE)
    Set initializationFlag_TF = TRUE
    Set testFailed = 0
IF (testFailed = 0)
    IF ((most recent test result = FAILED) AND
        (ClearDiagnosticInformation requested = FALSE))
        Set testFailed = 1
ELSE
    Set testFailed = 0
IF (testFailed = 1)
    IF ((most recent test result = PASSED) OR
    (ClearDiagnosticInformation requested = TRUE) OR
    (vehicle manufacturer/implementation reset conditions satisfied)

    Set testFailed = 0
ELSE
    Set testFailed = 1
```

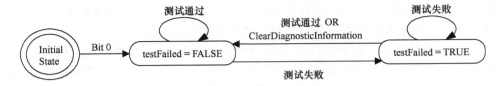

图 7-7　DTC testFailed 状态位切换逻辑

3. DTC 状态位 1——testFailedThisOperationCycle

DTC 状态位 1 的说明见表 7-14，其状态位切换逻辑如图 7-8 所示。

表 7-14　DTC testFailedThisOperationCycle 状态位说明

说明
testFailedThisOperationCycle 表示本次操作循环测试失败 该位表明在当前操作循环中或最后一次处理 ClearDiagnosticInformation 请求后均报告过测试失败，即有 testFailed 为 1 情况，此时该位置 1 该位在服务器完成 ClearDiagnosticInformation 服务处理后的值为 0 当服务器需要支持 DTC 状态位 2 的时候，也必须支持该位

对应程序

```
IF (initializationFlag_TFTOC = FALSE)
    Set initializationFlag_TFTOC = TRUE
    Set testFailedThisOperationCycle = 0
    Set lastOperationCycle = currentOperationCycle
IF ((currentOperationCycle != lastOperationCycle) OR
    (ClearDiagnosticInformation requested = TRUE)
    Set lastOperationCycle = currentOperationCycle
    Set testFailedThisOperationCycle = 0
ELSE IF ((most recent test result = FAILED) AND
        (ClearDiagnosticInformation requested = FALSE))
Set testFailedThisOperationCycle = 1
```

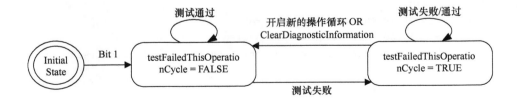

图 7-8　DTC testFailedThisOperationCycle 状态位切换逻辑

4. DTC 状态位 2——pendingDTC

DTC 状态位 2 的说明见表 7-15，其状态位切换逻辑如图 7-9 所示。

表 7-15 DTC pendingDTC 状态位说明

说明
pendingDTC 表示 DTC 挂起 该位表明在当前操作循环或上次完成的操作循环内，DTC 是否测试失败，即有 testFailed 为 1 的情况。该位的设置和 DTC 状态位 1 的设置标准相同。二者区别是，状态位 1 在开始新的操作循环时清零，而该位会保持到操作循环结束。当前操作循环内，如果出现 testFailed 为 1，则该位置 1，并保持不变。该位可以用于判断需要多个操作循环来确认故障 该位在服务器完成 ClearDiagnosticInformation 服务处理后的值为 0

对应程序

```
IF (initializationFlag_PDTC = FALSE)
   Set initializationFlag_PDTC = TRUE
   Set pendingDTC = 0
   Set failedOperationCycle = currentOperationCycle
IF (ClearDiagnosticInformation requested = TRUE)
   Set pendingDTC = 0
ELSE IF ((most recent test result = FAILED) AND(ClearDiagnosticInformation
requested = FALSE))
   Set pendingDTC = 1
   Set failedOperationCycle = currentOperationCycle
ELSE IF ((most recent test result = PASSED) AND (not
        TestFailedThisOperationCycle)) AND (not TestFailedLastOperation-
Cycle))
Set pendingDTC = 0
```

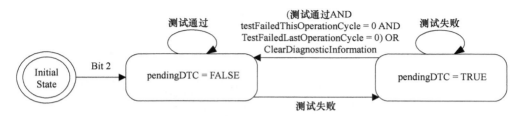

图 7-9 DTC pendingDTC 状态位切换逻辑

5. DTC 状态位 3——confirmedDTC

DTC 状态位 3 的说明见表 7-16 所示，其状态位切换逻辑如图 7-10 所示。

表 7-16　DTC confirmedDTC 状态位说明

说明
confirmedDTC 表示 DTC 确认 　该位表示故障被检测次数是否以确保 DTC 需被存入长期存储器，即故障达到了被确认的条件，存储到非易失性存储器，以便客户端读取历史故障。该状态位只有 ClearDiagnosticInformation 服务请求和故障老化机制以及 OEM 指定的其他方式清除 　该位置 0 表示自上次发出 ClearDiagnosticInformation 请求后或 DTC 满足老化机制后，未确认 DTC 　该位置 1 表示子上次发出 ClearDiagnosticInformation 后未满足老化机制前，至少已经确认一次 DTC 　该位在服务器完成 ClearDiagnosticInformation 服务处理后的值为 0
对应程序

```
IF (initializationFlag_CDTC = FALSE)
   Set initializationFlag_CDTC = TRUE
   Set confirmedDTC = 0
   Set confirmStage = INITIAL_MONITOR
IF (confirmStage = INITIAL_MONITOR)
   IF ((DTC confirmation criteria satisfied = TRUE) AND
      (ClearDiagnosticInformation requested = FALSE))
      Set confirmedDTC = 1
      Reset aging status
      Set confirmStage = AGING_MONITOR
   ELSE
   Set confirmedDTC = 0
IF (confirmStage = AGING_MONITOR)
    IF ((ClearDiagnosticInformation requested = TRUE) OR(aging criteria
satisfied = TRUE))
      Set confirmedDTC = 0
      Set confirmStage = INITIAL_MONITOR
   ELSE IF ((most recent test result = FAILED) AND
        (ClearDiagnosticInformation requested = FALSE))
   Reset aging status
ELSE
   Update aging status as appropriate
```

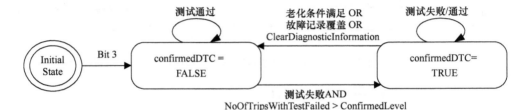

图 7-10　DTC confirmedDTC 状态位切换逻辑

6. DTC 状态位 4——testNotCompletedSinceLastClear

DTC 状态位 4 的说明见表 7-17，其状态位切换逻辑如图 7-11 所示。

表 7-17　DTC testNotCompletedSinceLastClear 状态位说明

说明
testNotCompletedSinceLastClear 表示调用 DTC 请求服务后，DTC 是否测试完成 　该位表明上次发出 ClearDiagnosticInformation 请求后，DTC 测试是否进行并完成。"1"表示未完成测试。若进行了测试，不论结果是通过还是失败，该位都置"0" 　该位在服务器完成 ClearDiagnosticInformation 服务处理后的值为 1
对应程序

```
IF (initializationFlag_TNCSLC = FALSE)
    Set initializationFlag_TNCSLC = TRUE
    Set testNotCompletedSinceLastClear = 1
IF (ClearDiagnosticInformation requested = TRUE)
    Set testNotCompletedSinceLastClear = 1
ELSE IF ((most recent test result = PASSED) OR (most recent test result
=FAILED))
    Set testNotCompletedSinceLastClear = 0
```

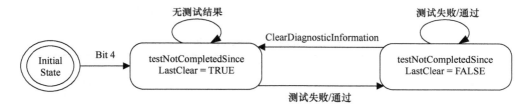

图 7-11　DTC testNotCompletedSinceLastClear 状态位切换逻辑

7. DTC 状态位 5—testFailedSinceLastClear

DTC 状态位 5 的说明见表 7-18，其状态位切换逻辑如图 7-12 所示。

表 7-18　DTC testFailedSinceLastClear 状态位说明

说明
testFailedSinceLastClear 表示调用 DTC 请求服务后，DTC 是否测试完成，并且测试结果为测试失败。该位置"0"表示 DTC 测试没有运行或者 DTC 测试完成测试结果为测试通过，如果测试完成，并且测试结果为测试失败，该位会置"1" 　与 DTC 状态位 3 的不同是，该位不会在老化机制或存储器溢出时重置 　该位在服务器完成 ClearDiagnosticInformation 服务处理后的值为 0 　该位通常与 DTC 状态位 5 同时支持

（续）

对应程序

```
IF (initializationFlag_TFSLC = FALSE)
   Set initializationFlag_TFSLC = TRUE
   Set testFailedSinceLastClear = 0
IF (ClearDiagnosticInformation requested = TRUE)
   Set testFailedSinceLastClear = 0
ELSE IF ((most recent test result = FAILED) AND
         (ClearDiagnosticInformation requested = FALSE))
   Set testFailedSinceLastClear = 1
```

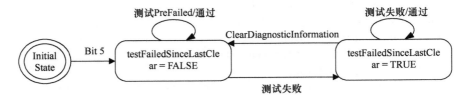

图 7-12　DTC testFailedSinceLastClear 状态位切换逻辑

8. DTC 状态位 6——testNotCompletedThisOperationCycle

DTC 状态位 6 的说明见表 7-19，其状态位切换逻辑如图 7-13 所示。

表 7-19　DTC testNotCompletedThisOperationCycle 状态位说明

说明
testNotCompletedThisOperationCycle 表示当前操作循环中，DTC 测试是否完成，或当前操作循环在处理完 ClearDiagnosticInformation 服务后测试是否完成。"1" 表示当前操作循环中 DTC 测试没有完成。如果测试完成，那么该位一直为 "0" 直到开始新的操作循环 　该位在服务器完成 ClearDiagnosticInformation 服务处理后的值为 1

对应程序

```
IF (initializationFlag_TNCTOC = FALSE)
   Set initializationFlag_TNCTOC = TRUE
   Set testNotCompletedThisOperationCycle = 1
   Set lastOperationCycle = currentOperationCycle
IF (ClearDiagnosticInformation requested = TRUE)
   Set testNotCompletedThisOperationCycle = 1
ELSE IF (currentOperationCycle != lastOperationCycle)
   Set lastOperationCycle = currentOperationCycle
   Set testNotCompletedThisOperationCycle = 1
ELSE IF ((most recent test result = PASSED) OR(most recent test result =
FAILED))
   Set testNotCompletedThisOperationCycle = 0
```

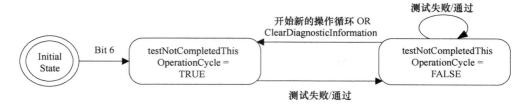

图 7-13   DTC testNotCompletedThisOperationCycle 状态位切换逻辑

9. DTC 状态位 7——warningIndicatorRequested

DTC 状态位 7 的说明见表 7-20，其状态位切换逻辑如图 7-14 所示。

表 7-20   DTC warningIndicatorRequested 状态位说明

说明
warningIndicatorRequested 将报告与特定 DTC 相关的报警指示器状态。报警输出由指示灯、文本信息等构成。若 DTC 无相应报警指示器，则该状态将被默认置为"0"。该位置"1"表示服务器请求激活报警指示器；"0"表示服务器未请求激活报警指示器 报警指示器通常与车载仪表上的报警灯、文字或者声音关联，来输出警告信息 该位在服务器完成 ClearDiagnosticInformation 服务处理后的值为 0

对应程序

```
IF(initializationFlag_WIR = FALSE)
   Set initializationFlag_WIR = TRUE
   Set warningIndicatorRequested = 0
IF(((ClearDiagnosticInformation requested = TRUE) OR (TestResult =
Passed) OR
   (vehicle manufacturer or implementation-specific warning indicator
disable criteria are satisfied))
   AND (warning indicator not requested on due to latched failsafe for
particular DTC))
   Set warningIndicatorRequested = 0
ELSE IF (((TestResult = Failed) AND warning indicator exists for the par-
ticular DTC) AND
   ((confirmedDTC = 1) OR(vehicle manufacturer or implementation-specific warning
   indicator enable criteria are satisfied)))
Set warningIndicatorRequested = 1
```

7.5.4   DTC 故障检测

一种非排放系统的 DTC 故障检测机制如图 7-15 所示。

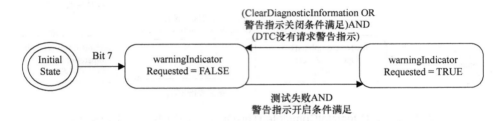

图 7-14　DTC warningIndicatorRequested 状态位切换逻辑

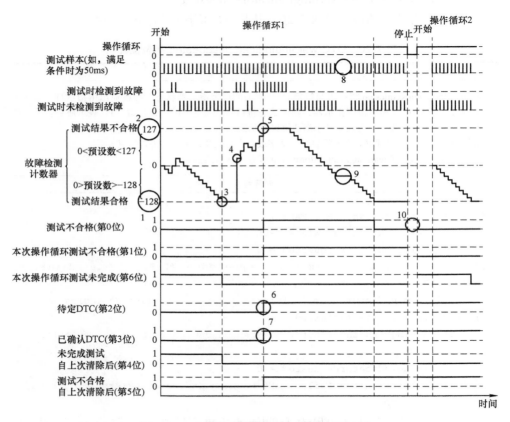

图 7-15　非排放系统的 DTC 故障检测机制

　　图中关键点 1 代表故障检测的结果为通过，关键点 2 代表故障检测的结果为失败。

　　在关键点 3 故障检测完成，一旦测试完成，无论检测结果如何，"自上次清除后测试未完成"位和"本次操作循环测试未完成"位都将置"0"。"自上次清除后测试未完成"位将不会被修改，直到诊断故障码被清除；"本次操作循环测试未完成"位将在下个操作循环开始时重置为"1"。

在关键点 4，测试运行失败，则故障检测计数器永远在"0"之上增加。

故障检测计数器达到最大值时，在关键点 5，即测试结果为"已失效"，则"测试失败"位、"本次操作循环测试失败"位、"未确认的诊断故障代码"位、"已确认的诊断故障代码"位和"自上次清除后测试失败"位都将置为"1"。如果在本操作循环内测试结果重新变为"已通过"，则"测试失败"位将重置为"0"；"本次操作循环测试失败"位在本操作循环内将不会被修改，并在下个操作循环开始时重置为"0"；"未确认的诊断故障代码"位将不会被修改，直到在新的操作循环测试完成并无故障；"已确认的诊断故障代码"位将不会被修改，直到诊断故障代码满足老化机制或被清除；"自上次清除后测试失败"位将不会被修改，直到诊断故障代码被清除。

如果"未确认的诊断故障代码"位为"1"，则故障待定计数器（图示中没有体现）将变为 1。除非之后操作循环的测试已完成且没有失效，否则该数值将不会被修改。

故障信息，如快照等，存储到非易失性存储器发生在"已确认的诊断故障代码"位由"0"变为"1"时。除非满足老化机制或被清除，存储的故障信息将不会被修改。

在关键点 8 和 9，由于电控单元不符合检测条件或关闭了 DTC 检测，则检测不会运行，故障检测的计数器也不会变化。

在关键点 10，"测试失败"位在操作循环结束后保持不变或清零由车辆制造商指定。

7.5.5 DTC 老化机制

诊断故障代码一旦生成，将会一直保留，只有两种方式（故障诊断的应用是灵活的，车辆制造商也可以指定规范外的其他方式）能够清除：发送诊断指令清除和通过老化机制清除。老化机制的意义在于，如果确认的故障在后续操作循环中都不存在了，那么通过老化机制能将关联的诊断故障代码和除已老去计数器之外所有相关的信息清除，达到降低电控单元维护成本的目的。

老化计数器是故障码在连续的操作循环中都没有测试失败的计数器。老化计数器需要存在电控单元的非易失性存储器中，在任何操作循环中只要有测试失败的情况发生，老化计数器都将被重置为"0"。

DTC 已老去表示 DTC 因已经充分老去而从电控单元中被移除。已老去计数器用于记录自上次清除 DTC 后，DTC 已老去的次数。已老去计数器也存储在非易失性存储器中，为 1B 的数据，如果数据溢出，则应保持在 255 不变。

图 7-16 所示为 DTC 老化机制。

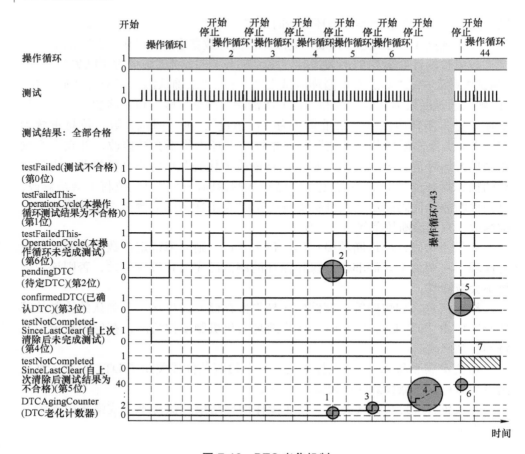

图 7-16　DTC 老化机制

在关键点 1、3 和 4，DTC 在某个操作循环或在连续的操作循环中测试完成且没有测试失败，则 DTC 老化计数器递增。图示中没有体现的是，如果 DTC 在某个操作循环中测试完成且测试失败，则老化计数器重置为 "0"。

在关键点 2，DTC 在某个操作循环中测试完成且没有测试失败，则 "未确认的诊断故障代码" 位重置为 "0"，根据电控单元支持的操作循环序列，可以在操作循环开始的时候设置。

在关键点 6，DTC 老化计数器达到设置的最大值。此时，在关键点 5，"已确认的诊断故障代码" 位重置为 "0"。

7.5.6　DTC 信息存储

DTC 状态字节的一般存储要求见表 7-21。

表 7-21　DTC 状态字节的一般存储要求

位	定义	存储介质
7	已请求警告指示 warningIndicatorRequested	非易失性存储器
6	本次操作循环测试未完成 testNotCompletedThisOperationCycle	随机存取存储器 RAM
5	自上次清除后测试失败 testFailedSinceLastClear	非易失性存储器
4	自上次清除后测试未完成 testNotCompletedSinceLastClear	非易失性存储器
3	已确认的诊断故障代码 confirmedDTC	非易失性存储器
2	未确认的诊断故障代码 pendingDTC	非易失性存储器
1	本次操作循环测试失败 testFailedThisOperationCycle	随机存取存储器 RAM
0	测试失败 testFailed	非易失性存储器

快照数据（也称冻结帧），是 DTC 设置时存储的一组电控单元的信息，对故障诊断和修复具有重要作用。快照数据可分为全局快照和局部快照，一般可存储故障信息的电控单元必须支持全局快照的存储，局部快照是可选的。全局快照一般是电控单元的基础信息，如行驶里程、供电电压、日期时间等可进行故障维护的信息，局部快照可根据故障的维护信息而定。

扩展数据是一组提供 DTC 相关扩展状态信息的数据，包括故障计数器、故障待定计数器、老化相关计数器等。

DTC 信息需要存储到非易失性存储器中，以记录车辆行驶过程中的故障信息。除了上述基本的存储信息外，在一个操作循环中如果 DTC 需要被多次存储则需要确定 DTC 的存储机制。由于电控单元存储器空间的局限性，进行 DTC 信息存储时，往往需要根据 DTC 的优先级和对应的存储机制进行存储。下面介绍一种常用的故障码信息存储机制。

1）如果 NVM（Non-volatile Memory 非易失性存储器）中没有存满，则新的 DTC 信息可以直接存入 NVM，如图 7-17 所示。所有 DTC 信息连续存储，旧的 DTC 将向后移动，新的 DTC 存储到 NVM 的入口处。

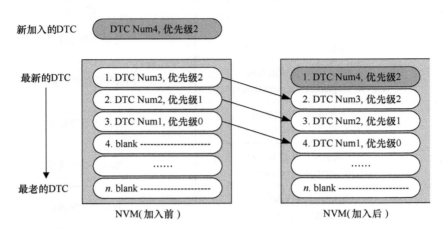

图 7-17　NVM 未满时加入 DTC

　　2）当 NVM 存满后，再新增 DTC 存储时，电控单元检查旧的 DTC，并从旧 DTC 中识别出优先级比新加入的优先级低（至少相等）的 DTC，移除识别出的 DTC，将其他 DTC 依次后移，将新加入的 DTC 存储到 NVM 入口。如图 7-18 所示，优先级 0、1、2…，优先级从大到小。

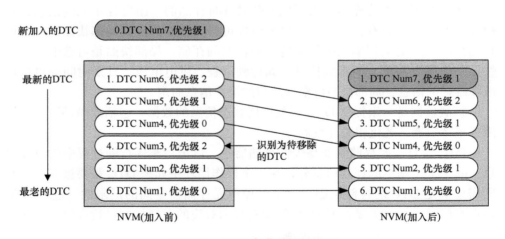

图 7-18　NVM 存满时加入 DTC

　　3）清除特定 DTC 信息时，移除 DTC 信息后，将后续旧的 DTC 向前移动，使所有 DTC 存储信息连续，如图 7-19 所示。

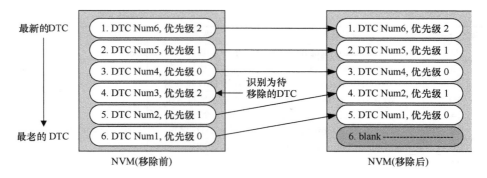

图 7-19　移除 DTC 存储信息

7.6　常用诊断服务列表

ISO 14229-2006 提供了如下六大类服务。

1）诊断和通信管理单元，包含 10（本章及下文中以十六进制字节描述）服务、11 服务、27 服务、28 服务、3E 服务、83 服务、84 服务、85 服务、86 服务、87 服务。

2）数据传输单元，包含 22 服务、23 服务、24 服务、2A 服务、2C 服务、2E 服务、3D 服务。

3）存储数据传输单元，包含 14 服务和 19 服务。

4）输入输出控制单元，包含 2F 服务。

5）例程远程激活单元，包含 31 服务。

6）上传下载单元，包含 34 服务、35 服务、36 服务、37 服务。

ECU 在 ISO 14229 提供的服务的基础上能实现故障诊断、OTA、参数标定、下线检测等多种多样的功能。

但是并非所有服务都是要求使用的。目前较为常用诊断服务见表 7-22。

表 7-22　常用诊断服务

SID（hex）	服务名称	描述	子功能（hex）	要求
10	DiagnosticSessionControl	诊断会话控制	01 02 03	M
11	ECUReset	电控单元复位	01 02 03	M
27	SecurityAccess	安全访问	01 02 ……	M
28	CommunicationControl	通信控制	01 02 03	M
3E	TesterPresent	测试设备在线	00	M
85	ControlDTCSetting	控制 DTC 设置	01 02	M

（续）

SID（hex）	服务名称	描述	子功能（hex）	要求
22	ReadDataByIdentifier	根据 DID 读数据	—	M
23	ReadMemoryByAddress	通过地址读内存	—	O
2E	WriteDataByIdentifier	通过 DID 写数据	—	M
3D	WriteMemoryByAddress	通过地址写内存	—	O
14	ClearDiagnosticInformation	清除诊断信息	—	M
19	ReadDTCInformation	读取 DTC 信息	01 02 04 06 0A	M
2F	InputOutputControlByIdentifier	输入输出控制	—	C
31	RoutineControl	例程控制	01 02 03	M
34	RequestDownload	请求下载	—	M
36	TransferData	传输数据	—	M
37	RequestTransferExit	请求退出传输	—	M

其中，要求为 "M" 的服务一般为服务器必须支持的服务；要求为 "C" 的服务是可选服务，大多数时是需要支持的；要求为 "O" 的服务时可选服务，一般情况使用较少。

本章将对经常使用的重要服务作详细介绍。

7.6.1　BootLoader 程序常用服务

BootLoader 以诊断和通信管理单元、上传下载单元和例程控制单元的服务的为核心，来实现程序升级相关的需求。

因 BootLoader 程序中不需要故障诊断等功能，通常在 BootLoader 中这些服务只需实现基本的服务器响应行为即可。

7.6.2　应用程序常用服务

应用程序除实现 OTA 等需要上传下载功能外，通常需要实现除上传下载外的其他单元的服务。

应用程序需要实现诊断规范中所有必需的服务功能及其要求支持的子功能，即除了实现服务器基本的响应行为外，还需实现各个服务特定的功能。

7.7　诊断应用层服务解析

诊断应用层提供了多种服务供应用程序使用，应用程序可通过这些服务实现特定的诊断功能。通常实现一种诊断功能是一组诊断服务共同作用的结果，这不难理解，因为各个诊断服务提供的功能不同，诊断功能的实现是这些诊断服务在逻辑上的组合。本节是对常用诊断服务及其子功能的详细介绍，特别是对服务的应用场景进行介绍，以使读者对诊断服务有系统的了解。

本节定义的各个服务的内容遵循标准的定义，如各个服务的格式、支持的消极响应码以及部分应用场景等。需要说明的是，诊断服务的应用是相对灵活的，实际应用和不同的 OEM 规范都在标准的基础上做了更为具体的规定。这种灵活度使得各个 OEM 的诊断规范都不相同，甚至有的规范对标准中推荐的参数定义重新做了规定，因此，本节仅解析标准中的应用，以便读者在不同 OEM 规范的理解上能举一反三。

7.7.1　10 服务——诊断会话控制

10 服务，即诊断会话控制服务，用于启动服务器中不同的诊断会话模式（诊断会话模式的概念请参考前面章节的介绍）。

1. 服务说明

诊断会话控制服务用于在电控单元中转换会话模式，使能电控单元的一个特定诊断服务以及相关诊断功能。其他服务在不同会模式下的权限不同，一般非默认会话模式比默认会话模式的权限高。

切换诊断会话模式的条件取决于诊断系统的定义。一般地，服务器中始终有一个有效的诊断会话模式，在服务器上电时或在休眠模式下唤醒时默认启动默认会话模式。服务器从默认会话模式切换到其他会话模式时，服务器的诊断权限扩大，可以激活相关会话模式下的控制。

通常，服务器从非默认会话模式切换到默认会话模式时，都会终止默认会话模式下不支持的其他激活的诊断功能，例如终止激活的输入输出控制、取消会话超时机制、重启正常通信等，其他会话模式下激活的控制都会重置（除非易失性存储器的更改等特殊情况）。

诊断会话的模式的作用及诊断应用层会话模式管理参考 7.4 节。

ISO 14229 规范定义的在默认会话模式和非默认会话模式下支持的诊断服务见表 7-23，不同供应商对诊断系统的定义可能和标准的定义不同。

表 7-23　默认会话和非默认会话模式下支持的诊断服务

服务 -SID（hex）	默认会话模式	非默认会话模式
DiagnosticSessionControl-10	√	√
ECUReset-11	√	√
SecurityAccess-27	—	√
CommunicationControl-28	—	√
TesterPresent-3E	√	√
ControlDTCSetting-85	—	√
ReadDataByIdentifier-22	√	√

（续）

服务 -SID（hex）	默认会话模式	非默认会话模式
ReadMemoryByAddress-23	√	√
ReadDataByPeriodicIdentifier-2A	—	√
DynamicallyDefineDataIdentifier-2C	√	√
WriteDataByIdentifier-2E	√	√
WriteMemoryByAddress-3D	√	√
ClearDiagnosticInformation-14	√	√
ReadDTCInformation-19	√	√
InputOutputControlByIdentifier-2F	—	√
RoutineControl-31	√	√
RequestDownload-34	—	√
TransferData-36	—	√
RequestTransferExit-37	—	√

2. 请求消息

诊断会话控制服务的请求消息格式见表 7-24。

表 7-24　诊断会话控制服务的请求消息格式

数据字节	参数名称	约定	十六进制值
#1	SID	M	10
#2	子功能 = [诊断会话类型]	M	01 02 03…… （00 ~ FF）

其中，子功能参数诊断会话类型被用于激活电控单元中对应的诊断会话。请求消息中的子功能参数的定义见表 7-25。

表 7-25　10 服务子功能参数的定义

子功能参数值 （hex）	说明	约定
00	ISO 保留	M
01	默认会话：该诊断会话模式启用服务器中的默认诊断会话模式，但不支持任何诊断应用程序超时处理规定（如，保持会话模式时无需 TesterPresent 服务） 如果服务器内非默认会话模式处于激活装填，当再次启动默认会话模式时，遵循以下规定：①服务器发送诊断会话控制的积极响应消息，并启动新请求的诊断会话；②服务器发送诊断会话控制的消极响应消息后，服务器继续保持默认会话模式；③服务器上电初始化时默认初始化为默认会话模式	M
02	编程会话：当服务器激活编程会话模式后，仅能通过 11 服务、10 服务（子功能：默认会话）、或服务器中的会话层超时机制来离开编程会话 在 BootLoader 刷新过程中，离开编程会话是重启应用程序的条件之一。编程诊断会话使能与电控单元存储器刷新功能相关的所有诊断服务	U

（续）

子功能参数值 （hex）	说明	约定
03	扩展诊断会话：扩展诊断会话用于支持服务器的诊断服务的功能。 扩展诊断会话使能所有在默认会话下被限制使用的诊断服务	U
04	开发会话	U
05~3F	ISO 保留	M
40~5F	OEM 定义	U
60~7E	系统提供商定义	U
7F	ISO 保留	M

3. 积极响应消息

诊断会话控制服务的积极响应消息格式见表 7-26。

表 7-26　10 服务积极响应消息格式

数据字节	参数名称	约定	十六进制值
#1	响应 SID	M	50
#2	子功能 = [诊断会话类型]	M	01 02 03…… （00~FF）
#3	诊断会话参数 = [P2Server_max (high byte)	M	00
#4	P2Server_max (low byte)		FF
#5	P2*Server_max (high byte)		00
#6	P2*Server_max (low byte)]		FF

其中，P2Server_max 长度为 2B，分辨率为 1ms，范围为 0~65536ms；P2*Server_max 为已经激活的诊断会话期间内，服务器支持的增强超时时间，一般服务器使用消极响应码 78 时启动该定时器，由两个字节组成，分辨率为 10ms，范围为 0~655350ms。该参数的定义可参考诊断应用层参数分析章节。

4. 支持的消极响应码

诊断会话控制服务支持的消极响应码为 12、13、22。

7.7.2　11 服务——电控单元复位

电控单元复位服务用于客户端请求服务器复位。

1. 服务说明

电控单元复位服务要求服务器根据复位类型参数值来有效执行复位操作。

由于复位操作特殊性，这要求服务器接收到客户端的复位请求后，在满足基本的服务器响应行为前提下，确认要执行复位之前发出电控单元复位服务的积极响应。服务器复位后不再保存除非易失性存储器数据等之外的其他诊断应用层操作。

服务器复位成功后，按照诊断会话模式管理的要求，激活默认会话模式。

电控单元复位诊断服务通常用于软件刷写完成时重启 ECU 或其他用户自定义的场景下需要重启 ECU 的场景。

2. 请求消息

电控单元复位服务的请求消息格式见表 7-27。

表 7-27　11 服务请求消息格式

数据字节	参数名称	约定	十六进制值
#1	SID	M	11
#2	子功能 = [复位类型]	M	01 02 03…… （00-7F）

电控单元复位子功能为 1B 的复位类型编号，其参数的定义见表 7-28，其中最常用的为软复位子功能。

表 7-28　11 服务子功能参数的定义

子功能参数值 （hex）	说明	约定
00	ISO 保留	M
01	硬复位：该复位类型模拟 ECU 电源下电 - 上电的启动序列	U
02	点火钥匙关闭 / 重置：该复位类型模拟点火钥匙关闭再重新打开的启动序列	U
03	软复位：该复位类型模拟 ECU 软件复位等，使服务器立即重新启动应用程序	U
04	启用快速断电：该复位类型适用于非点火上电而采用电池供电的 ECU	U
05	禁用快速断电：该值要求服务器禁止已经启用的"快速断点"功能	U
06 ~ 3F	ISO 保留	M
40 ~ 5F	OEM 定义	U
60 ~ 7E	系统提供商定义	U
7F	ISO 保留	M

3. 积极响应消息

电控单元复位服务的积极响应消息格式见表 7-29。

表 7-29　11 服务积极响应消息格式

数据字节	参数名称	约定	十六进制值
#1	响应 SID	M	51
#2	子功能 = [复位类型]	M	01 02 03…… (00 ~ 7F)
#3	断电时间	C	00 ~ FF

其中，断电时间参数在子功能为 04 时使用，该值为 0xFF 时表明存在故障或时间不可用；其他值以秒为单位表示 0 ~ 254s。

4. 支持的消极响应码

电控单元复位服务支持的消极响应码为 12、13、22、33。

7.7.3 27 服务——安全访问

安全访问服务用于客户端请求服务器解锁以获得其他服务的操作权限。

1. 服务说明

安全访问服务旨在提供一种访问因安全、排放或安全因素而被限制访问的数据或诊断服务的方式。特别是在修改服务器内存时，如上传下载过程中对服务器 Flash 进行刷写、写 DID、激活例程服务进行内存擦除等，这些操作会访问服务器关键数据并对其进行擦写修改，一般都需要进行安全访问。否则，随意的访问可能损坏电控单元，电控单元的信息安全得不到保障。

安全访问服务包含如下操作序列：

1）客户端请求 "Seed"。

2）服务器发送 "Seed"。

3）客户端发送 "Key"。

4）服务器验证 "Key"，并做出响应。

请求 "Seed" 和发送 "Key" 分别对应安全访问的一种子功能。发送 "Key" 子功能的值为请求 "Seed" 子功能的值加一。一组子功能对应一种安全级别。如 "01 02" 这一组子功能对应安全级别 1，"03 04" 这一组子功能对应安全级别 2。安全级别没有从属关系，其编号具有任意性。

安全级别也是服务器的一种状态机之一，和诊断会话模式一样，服务器在任何时间都仅有一种安全级别处于激活状态。服务器总是处于最新激活的安全级别，当一种新的安全级别被激活时，服务器的诊断功能也总是切换到最新的安全级别下。其他安全级别下的诊断功能不再处于活动状态。

服务器的解锁过程可参考 7.4.6 节。

如果服务器接收到已经激活的安全访问的请求（即服务器已经处于一种安全级别，又接收到安全访问请求解锁相同的安全请求），服务器通过发送 "Seed" 全为 0 的积极响应来告诉客户端。服务器发送全为 0 的 "Seed" 只能在此种情况下使用，否则都应发送非 0 的 "Seed"。客户端在接收到全为 0 的 "Seed" 时认为服务器已经处于一种安全级别激活状态。

服务器可以支持记录安全访问失败次数，在安全访问尝试次数超过预设的值时，可以启动延时计数器，直到延时计数器超时后可以再次进行安全访问，这要求服务器可以将安全访问失败次数和延时计数器存储在其非易失性存储器中。这一操作的执行取决于 OEM 对诊断系统的要求，安全访问失败的条件和延时计数器的使用条件也取决于 OEM 对诊断系统的要求。

通常，客户端请求服务器执行受保护的诊断功能的序列如下：

1）请求诊断会话控制服务。

2）请求安全访问服务。

3）请求其他受保护的诊断服务功能。

2. 请求消息

安全访问服务的请求消息通常包含请求 Seed 和发送 Key 两种请求，其请求的格式见表 7-30 和表 7-31。

表 7-30　27 服务请求 Seed 消息格式

数据字节	参数名称	约定	十六进制值
#1	SID	M	27
#2	子功能 = [请求 Seed]	M	01 03 05…… （01 ~ 7D）
#3 …… #N	参数 #1 …… 参数 #N	U	00 ~ FF …… 00 ~ FF

其中，请求 Seed 消息的安全访问数据参数为可选参数，由诊断系统定义参数内容。通常该参数不使用。

表 7-31　27 服务发送 Key 消息格式

数据字节	参数名称	约定	十六进制值
#1	SID	M	27
#2	子功能 = [发送 Key]	M	02 03 04…… （02 ~ 7E）
#3 …… #N	Key#1 …… Key#N	M	00 ~ FF …… 00 ~ FF

其中，发送 Key 消息的 Key 为 Seed 和安全算法生成的值，长度由客户端和服务器约定执行。

27 服务的子功能参数的定义见表 7-32。

表 7-32　27 服务子功能参数的定义

子功能参数值（hex）	说明	约定
00	ISO 保留	M
01,03,05,07, ……, 41	请求 Seed OEM 定义的安全访问的请求 Seed	U

（续）

子功能参数值（hex）	说明	约定
02,04,06,08, ……, 42	发送 Key OEM 定义的安全访问的发送 Key	U
43 ~ 5D	ISO 保留	M
44 ~ 5E	ISO 保留	M
5F	其他标准使用	M
44 ~ 60	其他标准使用	M
61 ~ 7E	系统供应商使用	U
7F	ISO 保留	M

3. 积极响应消息

安全访问服务针对请求 Seed 和发送 Key 的积极响应消息格式见表 7-33 和表 7-34。

表 7-33　27 服务请求 Seed 的积极响应消息格式

数据字节	参数名称	约定	十六进制值
#1	响应 SID	M	67
#2	子功能 = [请求 Seed]	M	01 03 05…… （01 ~ 7D）
#3 ……	Seed#1 ……	M	00 ~ FF ……
#N	Seed#N		00 ~ FF

其中，服务器回复的 Seed 通常是一串非 0 的随机数，一般长度为 4B。

表 7-34　27 服务发送 Key 的积极响应消息格式

数据字节	参数名称	约定	十六进制值
#1	响应 SID	M	67
#2	子功能 = [发送 Key]	M	02 03 04…… （02 ~ 7E）

4. 支持的消极响应码

安全访问服务支持的消极响应码为 12、13、22、24、31、35、36、37。

7.7.4　28 服务——通信控制

通信控制服务用于服务器通信控制。

1. 服务说明

通信控制服务旨在控制服务器 CAN 通信发送和接收状态，可以对特定类型的通信进行控制，如应用报文通信，网络管理通信等。

通信控制经常用在软件刷写过程中，客户端可以请求关闭总线上所有服务器的应用报文通信，以降低总线负载率，提高软件刷写过程中通信的稳定性。

2. 请求消息

通信控制服务的请求消息格式见表 7-35。

表 7-35　28 服务请求消息格式

数据字节	参数名称	约定	十六进制值
#1	SID	M	28
#2	子功能 = [控制类型]	M	00 ~ FF
#3	通信类型	M	00 ~ FF

其中，控制类型子功能参数表示服务器控制通信的行为，其参数的定义见表 7-36。

表 7-36　28 服务子功能参数的定义

子功能参数值（hex）	说明	约定
00	使能 Rx 和 Tx：该值表示服务器使能指定通信类型的接收和发送	U
01	使能 Rx 关闭 Tx：该值表示服务器使能指定通信类型的接收，关闭发送	U
02	关闭 Rx 使能 Tx：该值表示服务器关闭指定通信类型的接收，使能发送	U
03	关闭 Rx 关闭 Tx：该值表示服务器关闭指定通信类型的接收和发送	U
04 ~ 3F	ISO 保留	U
40 ~ 5F	OEM 指定	U
61 ~ 7E	系统供应商指定	U
7F	ISO 保留	M

通信类型参数的 bit1-0 为通信类型定义，其定义见表 7-37。通信类型参数 bit7-2 针对有子网类型的电控单元通信（一般不涉及）。

表 7-37　28 服务通信类型参数定义

通信类型参数位 1-0	说明	约定
0x0	ISO 保留	M
0x1	一般通信报文：该值一般为电控单元应用相关的报文	M
0x2	网络管理通信报文：该值为网络管理通信相关的报文	M
0x3	网络管理报文和一般通信报文	M

3. 积极响应消息

通信控制服务的积极响应消息格式见表 7-38。

表 7-38　28 服务积极响应消息格式

数据字节	参数名称	约定	十六进制值
#1	响应 SID	M	68
#2	子功能 = [控制类型]	M	00, 01, 02, 03

4. 支持的消极响应码

通信控制服务支持的消极响应码为 12、13、22、31。

7.7.5　3E 服务——测试设备在线

测试设备在线服务用于告知服务器测试设备仍然在线。

1. 服务说明

测试设备在线服务旨在向服务器表明客户端仍然在线连接，以及激活的诊断服务或通信仍然保持激活。简而言之，该服务用于保持除默认诊断会话模式外已经激活的诊断会话模式。

诊断设备周期性发送测试设备在线的服务请求，服务器接收到该请求后重置 S3server 计时器，并维持当前的非默认会话模式。

2. 请求消息

测试设备在线服务的请求消息格式见表 7-39。

表 7-39　3E 服务请求消息格式

数据字节	参数名称	约定	十六进制值
#1	SID	M	3E
#2	子功能 = [零子功能]	M	00

其中，该服务的子功能没有实际意义，仅用于发送带有积极响应抑制位的服务请求，其参数的定义见表 7-40。

表 7-40　3E 服务子功能参数的定义

子功能参数值（hex）	说明	约定
00	零子功能：该值表明该服务没有子功能，除支持积极响应抑制位外	M
01 ~ 7F	ISO 保留	M

3. 积极响应消息

测试设备在线服务的积极响应消息格式见表 7-41。

表 7-41 3E 服务积极响应消息格式

数据字节	参数名称	约定	十六进制值
#1	响应 SID	M	7E
#2	子功能 = [零子功能]	M	00

4. 支持的消极响应码

测试设备在线服务支持的消极响应码为 12、13。

7.7.6 85 服务——控制 DTC 设置

控制 DTC 设置服务用于停止或重启电控单元诊断故障代码的设置。

1. 服务说明

控制 DTC 设置服务旨在使客户端能请求服务器关闭或开启 DTC 相关状态位的设置。

客户端可以请求单个服务器或一组服务器停止设置 DTC。如果服务器不能停止设置 DTC，则可以回复消极响应告知客户端不能设置的原因。服务器由于各种原因切换到默认诊断会话模式后或服务器复位后，控制 DTC 设置的状态将会回到默认模式，而默认模式是开启 DTC 设置。

在清除 DTC 服务请求等特例下，服务器仍会设置 DTC，否则不能清除 DTC。

设置 DTC 的动作一般为"开启"和"关闭"。当服务器接收到子功能参数为"关闭"的控制 DTC 设置请求时，服务器 DTC 状态位的任何更新（即冻结当前数值），直到功能被重新使能。当接收到子功能参数为"开启"的控制 DTC 服务请求，或进入不支持控制 DTC 设置服务的会话（如：会话层时序参数超时进入默认会话、电控单元复位等），DTC 状态位信息应重新开始更新。

2. 请求消息

控制 DTC 设置服务的请求消息格式见表 7-42。

表 7-42 85 服务请求消息格式

数据字节	参数名称	约定	十六进制值
#1	SID	M	85
#2	子功能 = [DTC 设置类型]	M	00 ~ FF
#3 …… #N	参数 #1 …… 参数 #N	U	00 ~ FF

其中，DTC 设置类型子功能参数的定义见表 7-43。

表 7-43　85 服务子功能参数的定义

子功能参数值（hex）	说明	约定
00	ISO 保留	M
01	开启：该值表示服务器开启 DTC 设置	M
02	关闭：该值表示服务器关闭 DTC 设置	M
03 ～ 3F	ISO 保留	M
40 ～ 5F	OEM 指定	U
60 ～ 7E	系统供应商指定	U
7F	ISO 保留	M

该服务携带的参数为 DTC 设置的可选参数，可以包含需要设置的 DTC 列表。

3. 积极响应消息

控制 DTC 设置服务的积极响应消息格式见表 7-44。

表 7-44　85 服务积极响应消息格式

数据字节	参数名称	约定	十六进制值
#1	响应 SID	M	C5
#2	子功能 = [DTC 设置类型]	M	00 ～ 7F

4. 支持的消极响应码

控制 DTC 设置服务支持的消极响应码为 12、13、22、31。

7.7.7　22 服务——根据 DID 读数据

根据 DID 读数据服务用于读取服务器中用标识符预定义的数据记录。

1. 服务说明

根据 DID 读数据服务旨在允许客户端请求服务器中预定义的数据记录。这些数据记录可以是模拟输入输出信号、数字输入输出信号、内部数据和系统状态信息等。

DID（数据标识符）长度通常为 2B，其数据记录由服务器维护，服务器需要支持的 DID 由 OEM 和系统供应商共同指定。

服务器对支持的 DID 读取请求不作限制，客户端可以单次或多次读取相同的 DID，这期间不存在关联关系，每次读取 DID 时，服务总是回复最新的数据记录。

客户端可以同时请求读取一个 DID，也可以请求读取多个 DID。服务器需要根据自身存储能力和传输能力确认最多同时读取的个数。

2. 请求消息

根据 DID 读数据服务的请求消息格式见表 7-45。

表 7-45　22 服务请求消息格式

数据字节	参数名称	约定	十六进制值
#1	SID	M	22
#2 #3	DID #1= [High Byte Low Byte]	M	00 ~ FF 00 ~ FF
……	……	……	00 ~ FF
#N − 1 #N	DID #N = [High Byte Low Byte]	U	00 ~ FF 00 ~ FF

其中，常用的 DID 参数定义见表 7-46。

表 7-46　常用的 DID 参数定义

DID（hex）	描述	助记符
F180	Boot 软件识别标识符	BSIDID
F181	应用软件识别标识符	ASIDID
F182	应用程序数据识别的数据标识符	ADIDID
F183	Boot 程序指纹数据标识符	BSFPDID
F184	应用程序指纹数据标识符	ASFPDID
F185	应用数据指纹数据标识符	ADFPDID
F186	激活的诊断会话数据标识符	ADSDID
F187	车辆制造商编号数据标识符	VMSPNDID
F188	车辆制造商 ECU 软件编号数据标识符	VMECUSNDID
F189	车辆制造商 ECU 软件版本号数据标识符	VMECUSVNDID
F18A	系统供应商数据标识符	SSIDDID
F18B	ECU 制造日期数据标识符	ECUMDDID
F18C	ECU 序列号数据标识符	ECUSNDID
F190	VIN 码数据标识符	VINDID
F191	车辆制造商 ECU 硬件编号数据标识符	VMECUHNDID
F192	系统供应商 ECU 硬件编号数据标识符	SSECUHWNDID
F193	系统供应商 ECU 硬件版本号数据标识符	SSECUHWVNDID
F194	系统供应商 ECU 软件编号数据标识符	SSECUSWNDID
F195	系统供应商 ECU 软件版本号数据标识符	SSECUSWVNDID
F199	编程日期数据标识符	PDDID
F1A0 ~ F1EF	车辆制造商指定的数据标识符	IDOPTVMS
F1F0 ~ F1FF	系统供应商指定的数据标识符	IDOPTSSS
F200 ~ F2FF	周期性数据标识符	PDID
F300 ~ F3FF	动态定义数据标识符	DDDDI
FD00 ~ FEFF	系统供应商指定的数据标识符	SSS

3. 积极响应消息

根据 DID 读数据服务的积极响应消息格式见表 7-47 所示。

表 7-47　22 服务积极响应消息格式

数据字节	参数名称	约定	十六进制值
#1	响应 SID	M	62
#2 #3	DID #1= [High Byte Low Byte]	M	00 ~ FF 00 ~ FF
#4 …… #($K-1$)+4	数据记录 #1= [字节 #1 …… 字节 #K]	M	00 ~ FF …… 00 ~ FF
……	……	……	……
#$N-(O-1)-2$ #$N-(O-1)-1$	DID #1= [High Byte Low Byte]	U	00 ~ FF 00 ~ FF
#$N-(O-1)$ …… #N	数据记录 #1= [字节 #1 …… 字节 # O]	U	00 ~ FF …… 00 ~ FF

4. 支持的消极响应码

根据 DID 读数据服务支持的消极响应码为 13、22、31、33。

7.7.8　23 服务——通过地址读内存

通过地址读内存服务用于从服务器中一个连续的地址区域读取数据。

1. 服务说明

通过地址读内存服务允许客户端通过给定地址和大小请求服务器内存的数据读取。

服务器通过积极响应将读取的数据传给客户端，数据记录的格式和定义有 OEM 和系统供应商确定。读取的数据记录可以是模拟输入输出、数字输入和输出信号、内部数据，以及系统状态信息等。

服务器除了满足基本的服务器响应行为外，如有必要，需要对内存区域加以保护，防止读取任意的内存。

该服务通常用于电控单元开发阶段时读取无法通过其他诊断服务获取的数据。

2. 请求消息

通过地址读内存服务的请求消息格式见表 7-48。

表 7-48　23 服务请求消息格式

数据字节	参数名称	约定	十六进制值
#1	SID	M	23
#2	地址和长度格式标识符	M	00 ~ FF
#3 …… #(M − 1)+3	内存地址 = [HighByte#1 …… Low Byte#M]	M	00 ~ FF …… 00 ~ FF
#N − (K − 1) …… # N	内存大小 = [HighByte#1 …… Low Byte#K]	M	00 ~ FF …… 00 ~ FF

其中，内存地址和内存大小参数的长度由地址和长度格式标识符确定，请求消息的参数定义见表 7-49。

表 7-49　23 服务请求消息的参数定义

地址和长度格式标识符
该参数为 1B 的数据： 位 7 ~ 4：表示内存大小参数长度 位 3 ~ 0：表示内存地址参数长度
内存地址
该参数为要读取的服务器内存的起始地址
内存大小
该参数表示要读取的服务器内存的大小

3. 积极响应消息

通过地址读内存服务的积极响应消息格式见表 7-50。

表 7-50　23 服务积极响应消息格式

数据字节	参数名称	约定	十六进制值
#1	响应 SID	M	63
#2 …… #N	数据记录 = [字节 #1 …… 字节 #M]	M	00 ~ FF …… 00 ~ FF

4. 支持的消极响应码

通过地址读内存服务支持的消极响应码为 13、22、31、33。

7.7.9 2E 服务——通过 DID 写数据

通过 DID 写数据服务用于向服务器写入通过数据标识符定义的数据。

1. 服务说明

通过 DID 写数据服务允许客户端将数据记录写入服务器。数据通过标识符定义，这些标识符有些需要安全访问，有些可能不需要。

OEM 或系统供应商指定了所有 DID 的存储空间，有些存储在程序存储区域，有些存储在 EEPROM 设备中，有些存储在 RAM 中，这些 DID 可被 22 服务和 2E 服务中的一种或两种同时访问。

服务器应在数据已经写入非易失性存储器后发送积极响应。

2. 请求消息

通过 DID 写数据服务的请求消息格式见表 7-51。

表 7-51 2E 服务请求消息格式

数据字节	参数名称	约定	十六进制值
#1	SID	M	2E
#2 #3	DID = [High Byte Low Byte]	M	00 ~ FF 00 ~ FF
#4 …… #*M*+3	数据记录 = [字节 #1 …… 字节 #*M*]	M	00 ~ FF …… 00 ~ FF

其中，DID 参数的定义参考表 7-46 定义的范围。

3. 积极响应消息

通过 DID 写数据服务的积极响应消息格式见表 7-52。

表 7-52 2E 服务积极响应消息格式

数据字节	参数名称	约定	十六进制值
#1	响应 SID	M	6E
#2 #3	DID = [High Byte Low Byte]	M	00 ~ FF 00 ~ FF

4. 支持的消极响应码

通过 DID 写数据服务支持的消极响应码为 13、22、31、33、72。

7.7.10　3D 服务——通过地址写内存

通过地址写内存服务允许客户端请求向服务器的一个或多个连续的存储单元写入数据。

1. 服务说明

通过地址写内存服务请求携带请求的地址和内存大小信息。服务器需要保证服务可访问区域的条件。该服务通常用来清除非易失性存储器内存或改变标定量的值等。

通过地址写内存服务主要用于电控单元开发阶段时无法通过其他诊断服务修改的数据。

2. 请求消息

通过地址写内存服务的请求消息格式见表 7-53。

表 7-53　3D 服务请求消息格式

数据字节	参数名称	约定	十六进制值
#1	SID	M	3D
#2	地址和长度格式标识符	M	00 ~ FF
#3 …… #M+2	内存地址 = [High Byte#1 …… Low Byte#M]	M	00 ~ FF …… 00 ~ FF
#N-R-2-(K-1) …… # N-R-2	内存大小 = [High Byte#1 …… Low Byte#K]	M	00 ~ FF …… 00 ~ FF
#N-(R-1) …… #N	数据记录 = [字节 #1 …… 字节 #R]	M	00 ~ FF …… 00 ~ FF

其中，该服务的参数的定义请参考表 7-49 的定义。

3. 积极响应消息

通过地址写内存服务的积极响应消息格式见表 7-54。

4. 支持的消极响应码

通过地址写内存服务支持的消极响应码为 13、22、31、33、72。

表 7-54　3D 服务积极响应消息格式

数据字节	参数名称	约定	十六进制值
#1	响应 SID	M	7D
#2	地址和长度格式标识符	M	00 ~ FF
#3 …… # (M – 1)+3	内存地址 = [High Byte#1 …… Low Byte#M]	M	00 ~ FF …… 00 ~ FF
# N–(K – 1) …… #N	内存大小 = [High Byte#1 …… Low Byte#K]	M	00 ~ FF …… 00 ~ FF

7.7.11　14 服务——清除诊断信息

清除诊断信息服务用于清除一个或多个电控单元存储的诊断信息。

1. 服务说明

清除诊断信息服务允许客户端请求清除服务器内存中的诊断信息，通常是 DTC 相关的信息。

服务器处理完清除诊断信息服务后需要回复积极响应，即使服务器没有存储 DTC。DTC 相关信息通常存储在 RAM 和 EEPROM 设备中，服务器需要清除通过读 DTC 信息服务读取的内存区域的诊断信息。

DTC 信息通常包含 DTC 状态字节、DTC 的快照数据、DTC 的扩展数据，以及 DTC 相关的计数器和标志位等。

清除诊断信息服务允许客户端请求清除一组 DTC 或一个特定的 DTC。

2. 请求消息

清除诊断信息服务的请求消息格式见表 7-55。

表 7-55　14 服务请求消息格式

数据字节	参数名称	约定	十六进制值
#1	SID	M	14
#2 #3 #4	DTC 组 = [DTC High Byte#1 DTC Middle Byte#2 DTC Low Byte#3]	M	00 ~ FF …… 00 ~ FF

其中，DTC 组参数的定义见表 7-56。

一般电控单元实现 FFFFFF 组 DTC 信息的清除。

表 7-56　DTC 组参数的定义

DTC（hex）	描　　述	约定
000000	排放相关系统	C
OEM 指定	动力系统、车身、网络通信等其他组	U
FFFFFF	所有组（所有 DTC）	M

3. 积极响应消息

清除诊断信息服务的积极响应消息格式见表 7-57。

表 7-57　14 服务积极响应消息格式

数据字节	参数名称	约定	十六进制值
#1	响应 SID	M	54

4. 支持的消极响应码

清除诊断信息服务支持的消极响应码为 13、22、31。

7.7.12　19 服务——读取 DTC 信息

读取 DTC 信息服务用于读取电控单元的故障诊断信息。

1. 服务说明

读取 DTC 信息服务允许客户端检索与 DTC 状态掩码相匹配的 DTC 数量；允许客户端检索与 DTC 状态掩码相匹配的 DTC 列表；允许客户端检索特定功能组内的 DTC 信息。客户端可以检索 DTC 相关的快照数据和 DTC 扩展数据，这一功能在电控单元故障诊断时有非常重要的作用。

读取 DTC 信息服务包含诸多子功能，用于各种 DTC 信息的读取，见表 7-58。

表 7-58　19 服务子功能定义

DTC（hex）	描　　述	约定
00	ISO 保留	M
01	根据状态掩码报告 DTC 数量：该值表示服务器应向客户端传输与服务请求中的 DTC 状态掩码相匹配的 DTC 的数量	U
02	根据状态掩码报告 DTC：该值表示服务器应向客户端传输与服务请求中的 DTC 状态掩码相匹配的 DTC 列表和 DTC 状态信息	M
03	报告 DTC 快照标识符：该值表示服务器向客户端传输 DTC 快照数据记录标识符	U
04	通过 DTC 编号报告 DTC 快照记录：该值表示服务器向客户端传输请求 DTC 编号相关的快照记录信息	U
05	通过记录编号报告 DTC 存储数据：该值表示服务器向客户端传输请求记录编号相关的 DTC 存储数据	U

（续）

DTC（hex）	描 述	约定
06	通过 DTC 编号报告 DTC 扩展数据记录：该值表示服务器向客户端传输请求的 DTC 编号的扩展数据记录信息	U
07	按严重性掩码记录报告 DTC 编号：该值表示服务器向客户端传输与客户端定义严重性掩码记录相匹配的 DTC 数量	U
08	按严重性掩码记录报告 DTC：该值表示服务器向客户端传输与客户端定义严重性掩码记录相匹配的 DTC 列表及其对应的状态	U
09	报告 DTC 的严重性信息：该值表示服务器向客户端传输请求的特定 DTC 的严重性信息	U
0A	报告支持的 DTC：该值表示服务器向客户端传输所有支持的 DTC 列表及其对应的状态	U
0B	报告首个测试失败的 DTC：该值表示服务器向客户端传输自上次清除诊断信息后服务器检测到的首个测试失败的 DTC。这与 DTC 是否被确认或者被老化无任何关系	U
0C	报告首个确认的 DTC：该值表示服务器向客户端传输自上次清除诊断信息后服务器所检测到的首个确认 DTC。这与 DTC 的老化过程无关，即使 DTC 经老化重置，服务器还是要记录该 DTC	U
0D	报告最新测试失败的 DTC：该值表示服务器向客户端传输自上次清除诊断信息后检测到的最新的检测失败 DTC。这与 DTC 是否被确认或老化没有关系	U
0E	报告最新确认 DTC：该值表示服务器向客户端传输自上次清除诊断信息后服务器检测到的最新确认的 DTC。这与 DTC 老化无关，即使 DTC 被老化重置，服务器还是记录该 DTC	U
15	报告永久性状态的 DTC：该值表示服务器向客户端传输状态为永久 DTC 的 DTC 列表	U
16～7F	ISO 保留	M

其中，读取 DTC 信息服务最常用的子功能为 01、02、04、06、0A 五个子功能。多数 OEM 的诊断规范也仅要求系统供应商实现这五个子功能。

读取 DTC 信息服务涉及两个数据记录编号：DTC 快照记录编号和 DTC 扩展数据编号。

DTC 快照记录编号为一个字节长度的值，ISO 14229 定义 0xFF 表示 DTC 的所有快照数据记录，0x01～0xFE 均由 OEM 和系统供应商自定义，0x00 用于排放相关的 OBD 标准。一般快照数据类型有全局快照（所有 DTC 都使用）和 DTC 的局部快照（根据 DTC 不同设定不同的快照）两种类型，DTC 快照记录编号即为这些快照类型的编码。OEM 一般定义 DTC 的全局快照，局部快照根据系统供应商的需求而定。

DTC 扩展数据编号为一个字节长度的值，0x00 以及 0xF0～0xFD 保留使用；0x01～0x8F 由 OEM 指定；0x90～0xEF 以及 0xFE 用于 OBD 标准相关的服务；0xFF 表示所有的 DTC 扩展数据记录。DTC 扩展数据编号也是 DTC 扩展数据的编号。

2. 请求消息

读取 DTC 信息服务的请求消息格式见表 7-59 ~ 表 7-62。

表 7-59　19 服务请求消息格式（子功能 01/02）

数据字节	参数名称	约定	十六进制值
#1	SID	M	19
#2	子功能 = [01 或 02]	M	01 或 02
#3	DTC 状态掩码	M	00 ~ FF

表 7-60　19 服务请求消息格式（子功能 04）

数据字节	参数名称	约定	十六进制值
#1	SID	M	19
#2	子功能 = [04]	M	04
#3 #4 #5	DTC = [High Byte Middle Byte Low Byte]	M	00 ~ FF 00 ~ FF 00 ~ FF
#6	DTC 快照记录编号	M	00 ~ FF

表 7-61　19 服务请求消息格式（子功能 06）

数据字节	参数名称	约定	十六进制值
#1	SID	M	19
#2	子功能 = [06]	M	06
#3 #4 #5	DTC = [High Byte Middle Byte Low Byte]	M	00 ~ FF 00 ~ FF 00 ~ FF
#6	DTC 扩展数据记录编号	M	00 ~ FF

表 7-62　19 服务请求消息格式（子功能 0A）

数据字节	参数名称	约定	十六进制值
#1	SID	M	19
#2	子功能 = [0A]	M	0A

服务请求中的子功能和参数请参考服务说明部分。

3. 积极响应消息

读取 DTC 信息服务的积极响应消息格式见表 7-63 ~ 表 7-66。

表 7-63　19 服务积极响应消息格式（子功能 01）

数据字节	参数名称	约定	十六进制值
#1	响应 SID	M	59
#2	子功能 = [01]	M	01
#3	DTC 状态可用掩码	M	00 ~ FF
#4	DTC 格式标识符	M	00/01/02/03
#5 #6	DTC 数量 = [High Byte Low Byte]	M	00 ~ FF 00 ~ FF

其中，DTC 可用掩码和 DTC 状态信息一样，为 1B 长度的数据，其位定义也与 DTC 状态字节相同。DTC 可用掩码的每一个位表示服务器支持的状态位，如 DTC 可用掩码的位 3 ~ 0 位都为 1，那么服务器就支持 DTC 状态字节的位 3 ~ 0 的所有操作，不支持的位置为 "0"。

DTC 格式标识符为 1B 长度的参数，定义了服务器报告 DTC 的格式，一般使用 01（ISO 14229 的 DTC 格式）。

表 7-64　19 服务积极响应消息格式（子功能 02/0A）

数据字节	参数名称	约定	十六进制值
#1	响应 SID	M	59
#2	子功能 = [02 或 0A]	M	02 或 0A
#3	DTC 状态可用掩码	M	00 ~ FF
#4 #5 #6 #7	DTC#1 = [High Byte Middle Byte Low Byte] DTC#1 状态	M	00 ~ FF 00 ~ FF 00 ~ FF 00 ~ FF
……	……		……
#N-3 #N-2 #N-1 #N	DTC#N = [High Byte Middle Byte Low Byte] DTC#N 状态		00 ~ FF 00 ~ FF 00 ~ FF 00 ~ FF

表 7-65 19 服务积极响应消息格式（子功能 04）

数据字节	参数名称	约定	十六进制值
#1	响应 SID	M	59
#2	子功能 = [04]	M	04
#3 #4 #5 #6	DTC#1 = [High Byte Middle Byte Low Byte] DTC#1 状态	M	00 ~ FF 00 ~ FF 00 ~ FF 00 ~ FF
#7	DTC 快照记录编号	M	00 ~ FF
#8	DTC 快照记录标识符编号	C	00 ~ FF
#9 #R	DTC 快照记录 #1 = [数据标识符 #1 byte#1 …… 数据标识符 #1 byte#2 快照数据 #1 byte#1 …… 快照数据 #1 byte#P …… 数据标识符 #w byte#1 …… 数据标识符 #w byte#2 快照数据 #w byte#1 …… 快照数据 #w byte#M]	C	00 ~ FF
……			
#W	DTC 快照记录编号	M	00 ~ FF
#W+1	DTC 快照记录标识符编号	C	00 ~ FF
#W+2 #Q	DTC 快照记录 #1 = [数据标识符 #1 byte#1 …… 数据标识符 #1 byte#2 快照数据 #1 byte#1 …… 快照数据 #1 byte#P …… 数据标识符 #W byte#1 …… 数据标识符 #W byte#2 快照数据 #W byte#1 …… 快照数据 #W byte#M]	C	00 ~ FF

其中，DTC 快照记录标识符编号表示紧接着的快照记录的标识符编号。DTC 可以存储多个快照，每一个快照就用标识符编号表示，0x00 表示 DTC 快照记录中包含一个未定义编号的快照记录数据标识符。DTC 快照记录中的数据标识符为紧接着的快照数据的数据标识符。

表 7-66 19 服务积极响应消息格式（子功能 06）

数据字节	参数名称	约定	十六进制值
#1	响应 SID	M	59
#2	子功能 = [04]	M	06
#3 #4 #5 #6	DTC#1 = [High Byte Middle Byte Low Byte] DTC#1 状态	M	00 ~ FF 00 ~ FF 00 ~ FF 00 ~ FF
#7	DTC 扩展记录编号	M	00 ~ FF
#8 …… #M	DTC 扩展数据记录 = [字节 #1 …… 字节 #N]	C	00 ~ FF
……			
#W	DTC 扩展记录编号	M	00 ~ FF
#W+1 …… #K	DTC 扩展数据记录 = [字节 #1 …… 字节 #N]	C	00 ~ FF

4. 支持的消极响应码

清除诊断信息服务支持的消极响应码为 12、13、31。

7.7.13 2F 服务——输入输出控制

输入输出控制服务允许客户端通过服务请求临时控制电控单元的输入输出的功能。

1. 服务说明

输入输出控制旨在使客户端通过请求服务替代输入信号值，以及电子系统输出（执行机构）的控制值。该服务可以对相对简单的特别是静态的输入进行替换，对输出进行控制。但较为复杂的执行机构的控制如控制电机的动作等使用例程控制服务。

服务器在客户端请求后成功启动或达到所需的状态，服务器须要发送积极响应。客户端的请求携带子功能和以标识符定义的输入输出信号等参数。

服务器激活该服务后需要避免控制信号被应用程序的策略影响，因此服务器启动该服务后需要接管应用程序对请求信号的控制权限。

该服务通常用于开发阶段对车辆的调试。请求信号特别是输出信号控制的范围由 OEM 或系统供应商指定。

服务器应避免该服务请求电子控制单元受到损害。服务器应拒绝请求的值不在允许的范围内；请求控制的时间超过最大安全时间时，服务器应重新对这些参数进行控制；当服务器会话层参数 S3server 超时时，服务器也应重新对这些参数进行控制。

2. 请求消息

输入输出控制服务的请求消息格式见表 7-67。

表 7-67　2F 服务请求消息格式

数据字节	参数名称	约定	十六进制值
#1	SID	M	2F
#2 #3	DID = [High Byte#1 Low Byte#2]	M	00 ~ FF 00 ~ FF
#4 …… #4+(M−1)	控制操作 = [控制状态 #1 …… 控制状态 #M]	M	00 ~ FF …… 00 ~ FF
#4+M …… #4+M+(R−1)	控制掩码 = [控制掩码 #1 …… 控制掩码 #R]	C	00 ~ FF …… 00 ~ FF

输入输出控制操作参数的定义见表 7-68。

表 7-68　输入输出控制操作参数的定义

Hex	描　　述	约定
00	将控制权返还给 ECU：该值请求服务器将输入输出控制权限交给 ECU 应用软件	U
01	重置为默认状态：该值请求服务器将已经激活的输入输出控制信号置为默认状态	U
02	冻结当前状态：该值请求服务器将输入输出控制信号的状态冻结	U
03	短期调整：该值请求服务器对输入输出控制信号进行调整，如将脉冲宽度设定为请求的值	U
04 ~ FF	ISO 保留	M

输入输出参数数据标识符（DID）分为位映射或非位映射两类。根据位映射和非位映射标识符，服务的请求报文格式不同。位映射标识符使用每一位表示一个输入或输出参数，即可以请求控制多个输入输出。通常采用非映射的标

识符，此时不使用控制掩码参数。

子功能短时调整的服务请求包含一个控制状态参数和掩码参数。子功能返还电控单元控制权或冻结当前状态的请求报文只使用掩码参数。掩码和状态参数的结构完全相同。

3. 积极响应消息

输入输出控制服务的积极响应消息格式见表 7-69。

表 7-69　2F 服务积极响应消息格式

数据字节	参数名称	约定	十六进制值
#1	响应 SID	M	6F
#2 #3	DID = [High Byte#1 Low Byte#2]	M	00 ~ FF 00 ~ FF
#4 …… #4+（$M-1$）	控制状态记录 = [控制状态 #1 …… 控制状态 #M]	C	00 ~ FF …… 00 ~ FF

其中控制状态记录参数是否使用取决于服务请求的控制操作参数，通常当控制参数为 3（短期调整）时使用该参数，该参数返回输入输出控制信号的状态。具体使用条件由 OEM 和系统提供商指定。

4. 支持的消极响应码

输入输出控制服务支持的消极响应码为 13、22、31、33。

7.7.14　31 服务——例程控制

例程控制服务允许客户端激活服务器预先定义到的功能。

1. 服务说明

例程控制服务允许客户端请求启动例程、停止例程，以及请求例程的结果。例程也由类似于数据标识符的例程标识符定义。

简单说，例程就是电控单元预先定义的应用功能，如清除内存、运行自检、启动电机并设定电机运转方式的策略等。例程可以接收请求服务的参数。

例程服务非常灵活，其参数可以由 OEM 和系统供应商指定，例程服务可以实现复杂的服务，也可以替代如 2F 服务等功能简单的服务。例程服务在实际应用中非常普遍，软件刷写过程中擦除内存、一致性校验等需要用到，在 ECU 生产测试时也大量应用。

启动例程，即激活例程的运行。客户端请求服务器启动例程，服务器满足了基本的服务器响应行为后，在激活例程前回复积极响应，若例程运行需要一定的时间，可以回复带 78 响应码的消极响应。

停止例程，即停止例程的运行。客户端请求服务器停止例程后，服务器需要停止例程的运行。

请求例程结果，即客户端请求服务器例程执行后的数据。

2. 请求消息

例程控制服务的请求消息格式见表 7-70。

表 7-70　31 服务请求消息格式

数据字节	参数名称	约定	十六进制值
#1	SID	M	31
#2	子功能 = [例程控制类型]	M	00 ~ FF
#3	RID= [High Byte#1	M	00 ~ FF
#4	Low Byte#2]		00 ~ FF
#5 …… #N	例程状态记录 = [例程状态 #1 …… 例程状态 #M]	C	00 ~ FF …… 00 ~ FF

其中，例程控制操作记录为例程控制服务请求的参数，在子功能为启动例程或停止例程时使用，该参数一般为 OEM 或系统供应商指定的参数，用于服务的功能。

例程控制子功能参数的定义见表 7-71。

表 7-71　31 服务子功能参数定义

Hex	描　述	约定
00	ISO 保留	M
01	启动例程：该值表示指定的例程启动	U
02	停止例程：该值表示指定的例程停止	U
03	请求例程结果：该值表示服务器返回指定例程的结果	U
04 ~ 7F	ISO 保留	M

例程标识符（DID）的定义见表 7-72。

表 7-72　例程标识符的定义

DID（hex）	描　述	助记符
0000 ~ 00FF	ISO 保留	ISOSAERESRVD
0100 ~ 01FF	速度计测试标识符	TACHOTI_
0200 ~ DFFF	车辆制造商指定	VMS_
E000 E1FF	OBD 测试标识符	OBDTI_
E200	部署点火线圈标识符	DLRI_

（续）

DID（hex）	描　述	助记符
E201 ~ E2FF	安全系统例程标识符	SASRI_
E300 ~ EFFF	ISO 保留	ISOSAERESRVD
F000 ~ FEFF	系统供应商指定	SSS_
FF00	清除内存例程标识符	EM_
FF01	检查编程依赖性例程标识符	CPD_
FF02	清除镜像内存 DTC 例程标识符	EMMDTC_
FF03 ~ FFFF	ISO 保留	ISOSAERESRVD

3. 积极响应消息

例程控制服务的积极响应消息格式见表 7-73。

表 7-73　31 服务积极响应消息格式

数据字节	参数名称	约定	十六进制值
#1	响应 SID	M	71
#2	子功能 = [例程控制类型]	M	00 ~ FF
#3 #4	RID= [High Byte#1 Low Byte#2]	M	00 ~ FF 00 ~ FF
#5 …… #N	例程状态记录 = [例程状态 #1 …… 例程状态 #M]	U	00 ~ FF …… 00 ~ FF

其中例程状态记录是各个子功能下的例程数据，这些数据的定义由 OEM 和系统供应商定义。

4. 支持的消极响应码

例程控制服务支持的消极响应码为 12、13、22、24、31、33、72。

7.7.15　34 服务——请求下载

请求下载服务用于客户端启动到服务器的数据传输，主要是下载过程。

1. 服务说明

请求下载服务旨在在大量数据下载的过程中，特别是程序刷写流程中启动数据传输。服务器接收到请求下载服务请求后，先采取措施做好数据接收的准备，然后发送服务请求的积极响应。

请求下载服务会向服务器发送即将下载的地址和数据长度信息，服务器应识别这些信息的有效性，并通过积极响应告知客户端服务器一次能接受的最大的数据传输长度。简单来说，请求下载服务一方面通过客户端下发要下载数据的空间位置和空间大小信息，另一方面获取服务器的数据传输能力，以在后续数据传输时使用这一信息。

2. 请求消息

请求下载服务的请求消息格式见表 7-74。

表 7-74　34 服务请求消息格式

数据字节	参数名称	约定	十六进制值
#1	SID	M	34
#2	数据格式标识符	M	00 ~ FF
#3	地址和长度格式标识符	M	00 ~ FF
#4 …… # （M－1）+4	内存地址 = [High Byte#1 …… Low Byte#M]	M	00 ~ FF …… 00 ~ FF
#N－（K－1） …… #N	内存大小 = [High Byte#1 …… Low Byte#N]	M	00 ~ FF …… 00 ~ FF

请求下载服务中的参数定义见表 7-75。其中数据格式标识符通常使用 0x00 这一固定编码。

表 7-75　34 服务参数定义

数据格式标识符
该值为 1B 的数据 位 7 ~ 4：表示数据压缩方式；位 3 ~ 0：表示加密方式 值 0x00 表示不使用压缩和加密
地址和长度格式标识符
该参数为 1B 的数据 位 7 ~ 4：表示内存大小参数长度 位 3 ~ 0：表示内存地址参数长度
内存地址
该参数为要写入服务器内存的起始地址
内存大小
该参数表示从内存地址开始要传输（下载）的总的数据大小

3. 积极响应消息

请求下载服务的积极响应消息格式见表 7-76。

积极响应消息中参数定义见表 7-77。

4. 支持的消极响应码

请求下载服务支持的消极响应码为 12、13、22、31、33、70。

表 7-76　34 服务积极响应消息格式

数据字节	参数名称	约定	十六进制值
#1	响应 SID	M	74
#2	长度格式标识符	M	00 ~ F0
#3 …… #N	最大块大小 = [High Byte#1 …… Low Byte#M]	M	00 ~ FF …… 00 ~ FF

表 7-77　34 服务积极响应消息中参数的定义

长度格式标识符
该值为 1B 的数据 位 7 ~ 4：表示最大块大小参数的长度；位 3 ~ 0 为保留位，置为 0

最大块大小
该值表示数据传输过程中通过 36 服务传输分块数据时的最大长度，这一长度包含了 SID、服务请求参数等完整的诊断请求消息的长度。数据传输的最后一个块大小可能小于该值，服务器不得将诊断请求中的无效字节写入内存

7.7.16　36 服务——传输数据

传输数据服务用于客户端和服务间的数据传输。

1. 服务说明

传输数据可以发生在客户端向服务器传输，也可以发生在服务器向客户端传输。

传输数据服务请求包括一个块序列计数器，以便在传输数据过程中处理传输的错误。块序列计数器在接收到请求下载服务时就初始化为 1，这表示数据传输过程是从块序列计数器 1 开始的。服务器接收到客户端的传输数据服务请求后，将服务请求的块序列计数器和服务器内置的块序列计数器进行比较，以判断传输数据是否出错。

2. 请求消息

传输数据服务的请求消息格式见表 7-78。

表 7-78　36 服务请求消息格式

数据字节	参数名称	约定	十六进制值
#1	SID	M	36
#2	块序列计数器	M	00 ~ FF
#3 …… #N	传输请求参数记录 = [数据字节 #1 …… 数据字节 #M]	M	00 ~ FF …… 00 ~ FF

其中，块序列计数器为传输块的序列号，请求下载服务之后第一个传输数据请求报文中的块序号参数的值为 1，之后每次递增 1。当值达到 0xFF 后，该参数归 0 重新开始递增，直到所有数据块传输完毕；传输请求参数记录为传输数据的内容。

3. 积极响应消息

请求下载服务的积极响应消息格式见表 7-79。

表 7-79　36 服务积极响应消息格式

数据字节	参数名称	约定	十六进制值
#1	响应 SID	M	76
#2	块序列计数器	M	00 ~ FF
#3 …… #N	传输响应参数记录 = [数据字节 #1 …… 数据字节 #M]	C	00 ~ FF …… 00 ~ FF

积极响应消息的块序列计数器为服务请求中的块序列计数器，传输响应参数在从客户端到服务器这一传输数据过程中一般不使用。

4. 支持的消极响应码

传输数据服务支持的消极响应码为 13、24、31、71、72、73、92/93。

7.7.17　37 服务——请求退出传输

请求退出传输服务用于终止客户端和服务间的数据传输。

1. 服务说明

请求退出传输服务通常用于数据传输完毕退出数据传输的过程。

2. 请求消息

请求退出传输服务的请求消息格式见表 7-80。

表 7-80　37 服务请求消息格式

数据字节	参数名称	约定	十六进制值
#1	SID	M	37
#2 …… #N	传输请求参数记录 = [数据字节 #1 …… 数据字节 #M]	U	00 ~ FF …… 00 ~ FF

其中，传输请求参数记录由 OEM 和系统供应商指定，通常不使用该参数。

3. 积极响应消息

请求退出传输服务的积极响应消息格式见表 7-81。

表 7-81　37 服务积极响应消息格式

数据字节	参数名称	约定	十六进制值
#1	响应 SID	M	77
#2 …… #N	传输响应参数记录 = [数据字节 #1 …… 数据字节 #M]	U	00 ~ FF …… 00 ~ FF

其中，传输响应参数由 OEM 或系统供应商指定。通常在数据传输过程中会对传输的数据进行校验并生成校验和，客户端和服务器都遵循相同的校验算法。传输响应参数记录一般用于服务器向客户端发送校验和，以便客户端对比自身的校验和，来校验数据传输的一致性。

4. 支持的消极响应码

请求退出传输服务支持的消极响应码为：13、24。

7.8　诊断应用层定时参数分析

服务器需要诊断应用层服务的响应行为外，还需支持诊断应用层的定时参数。诊断应用层的定时参数对通信双方（客户端和服务器）都作出了约定，并和响应行为一起保证了诊断系统请求和响应的可预期性。

7.8.1　定时参数分析

默认诊断会话的应用层定时参数定义见表 7-82。

表 7-82　默认诊断会话的应用层定时参数定义

定时参数	描　　述	类型	最小值 /ms	最大值 /ms
P2 Client	客户端发送请求到接收到服务器的响应的超时时间	定时器 重载值	P2Server_max + Δ P2 CAN	—
P2* Client	客户端接收到带 78 的消极响应码的消极响应到接收到下一个响应的时间间隔	定时器 重载值	P2*Server_max + Δ P2CAN_rsp	—
P2 Server	服务器从接收到请求报文到开始发送应答报文之间的间隔时间	运行 要求值	0	50
P2* Server	服务器从发送带 78 的消极响应码的消极响应到开始发送下一个响应报文之间的间隔时间（增强型应答时序）	运行 要求值	0	5000
P2 Client Phys	客户端成功发送不需应答的物理寻址的请求到能发送下一个物理寻址请求的最小时间间隔	定时器 重载值	P2 Server_max	—
P2 Client Func	客户端成功发送功能寻址请求到能发送下一个功能寻址请求的最小时间间隔	定时器 重载值	P2 Server_max	—

其中，P2 Client 的最大值由客户端决定；P2* Client 的最大值也由客户端决定；P2 Client Phys 和 P2 Client Func 的最大值由客户端决定，但是需要满足会话层参数 S3 Server 的要求。

会话层定时参数见表 7-83。

表 7-83　会话层定时参数

定时参数	描　述	类型	最小值 /ms	最大值 /ms
S3 Client	客户端用功能寻址发送 3E 服务保持非默认会话模式激活的时间间隔	定时器重载值	2000	4000
S3 Server	服务器在收到诊断请求报文后保持运行在非默认会话的持续时间	定时器重载值	—	5000

其中，S3 Server 参数由服务器支持，该定时器是基于网络层服务的，在默认会话模式下，该定时器被禁用；在非默认会话模式下，服务器在处理诊断服务期间，停止 S3 Server 定时器，当诊断服务处理完之后，服务器重启 S3 Server 定时器。服务器需要保证，在 S3 Server 未超时时间内，服务器始终处于非默认会话模式。

表 7-84 为一组常用的诊断应用层定时参数设置。

表 7-84　诊断应用层定时参数设置

定时参数	最小值 /ms	最大值 /ms	超时 /ms
P2 Client	—	—	150
P2* Client	—	—	5100
P2 Server	0	50	—
P2* Server	0	5000	—
P2 Client Phys	P2 Server_max	—	—
P2 Client Func	P2 Server_max	—	—

7.8.2　定时参数处理

在定时参数未超时期限内，服务器应按照基本的服务器响应行为和定时器行为处理定时器相关活动。

在发生定时器超时时，客户端和服务器都应采取处理措施保证诊断会话层的运行。特别是 S3 Server 定时器发生超时时，服务器应从非默认会话模式切换到默认会话模式，并关闭已经激活的在非默认会话模式下的服务器行为。

客户端和服务器的响应行为和定时参数处理需参考 ISO 15765-3 标准的处理。

7.9 诊断报文分析

表 7-85 所示为诊断应用层服务的应用实例，表中的示例仅用于说明诊断服务数据的应用，相关数据内容没有具体定义，且与诊断服务的先后顺序无关。

表 7-85　诊断报文示例

诊断请求与响应（hex）	诊断报文分析
请求：10 03	诊断会话控制服务请求：请求进入扩展模式
响应：50 03 00 32 01 F4	诊断会话控制服务响应： 0x0032 表示 P2 Server 参数的值是 50 0x01F4 表示 P2* Server 参数的值是 5000
请求：11 03	电控单元复位服务请求：请求电控单元软件复位
响应：51 03	电控单元复位服务响应：电控单元回复积极响应，之后执行软件复位
请求：27 01	安全访问服务请求：请求种子，安全级别为 01 02
响应：67 01 11 22 33 44	安全访问服务响应：回复种子（11 22 33 44）
请求：27 02 55 66 77 88	安全访问服务请求：发送密钥（55 66 77 88）
响应：67 02	安全访问服务响应：积极响应代表解锁成功
请求：28 03 01	通信控制服务请求：请求电控单元一般通信报文的接收和发送
响应：68 03	通信控制服务响应：积极响应，并关闭一般通信报文的传输
请求：3E 80	测试设备在线服务请求：请求电控单元保持当前激活的非默认诊断会话模式
响应：无	测试设备在线服务响应：子功能的抑制积极响应位为 1，不发送积极响应
请求：85 82	控制 DTC 设置服务请求：请求电控单元停止设置故障码
响应：无	控制 DTC 设置服务响应：子功能抑制积极响应位为 1，不发送积极响应；电控单元停止设置 DTC
请求：85 01	控制 DTC 设置服务请求：请求电控单元重新开始设置故障码
响应：C5 01	控制 DTC 设置服务响应：发送积极响应；电控单元重新开始设置 DTC
请求：22 F1 90	根据 DID 读数据服务请求：读取电控单元存储 VIN
响应：22 F1 90 01 02 03 04 05 06 07 08 09 0A 0B 0C 0D 0E 0F 10 11	根据 DID 读数据服务响应：回复积极响应，发送 17B 的 VIN 数据（01，02，…，11）

（续）

诊断请求与响应（hex）	诊断报文分析
请求：22 FD 01 FD 02 FD 03	根据 DID 读数据服务请求：同时读取 3 个 DID（FD01，FD02，FD03）的数据
响应：62 FD 01 11 22 33 44 55 FD 02 66 77 88 FD 03 99 AA	根据 DID 读数据服务响应：回复积极响应，回复 3 个 DID 的数据：DID FD01 的数据是 "11 22 33 44 55" 5 个字节；DID FD02 的数据是 "66 77 88" 3 个字节；DID FD03 的数据是 "99 AA" 2 个字节
请求：23 24 40 00 00 00 00 0A	通过地址读内存服务请求：请求的地址和内存大小格式中，地址数据长度为 2B，内存大小数据长度为 4B；请求的地址为 "40000000"，读取的内存大小为 "000A"，即读取从 40000000 开始的 10B 的数据
响应：63 01 02 03 04 05 06 07 08 09 0A	通过地址读内存服务响应：回复积极响应，电控单元发送请求的 10B 的数据为 "01，02，…，0A"
请求：2E F1 8C 01 02 03 04 05 06 07 08	通过 DID 写数据服务请求：向电控单元写入序列号 "01，02，…，0A"
响应：7F 2E 78	通过地址读内存服务响应：消极响应，对非易失性存储器进行擦写时，需要耗费时间，电控单元先回复带 78 消极响应码的消极响应，客户端开启增强型定时器
响应：6E F1 8C	通过地址读内存服务响应：积极响应，电控单元写入非易失性存储器完成后回复积极响应
请求：3D 24 40 00 00 00 00 0A 01 02 03 04 05 06 07 08 09 0A	通过地址写内存服务请求：请求的地址和内存大小格式中，地址数据长度为 2B，内存大小数据长度为 4B；请求的地址为 "40000000"，读取的内存大小为 "000A"，即从 40000000 开始写入 10B 的数据 "01，02，…，0A"
响应：7D 24 40 00 00 00 00 0A	通过地址写内存服务响应：写入成功，回复积极响应
请求：14 FF FF FF	清除诊断信息服务请求：请求清除电控单元的所有故障信息
响应：54	清除诊断信息服务响应：积极响应，电控单元清除 RAM 中的故障信息，并在电控单元下电时将 RAM 中的信息转移到非易失性存储器中
请求：19 01 01	读取 DTC 信息服务请求：读取电控单元当前测试完成并测试失败的 DTC 数量
响应：59 01 7F 01 02	读取 DTC 信息服务响应：积极响应，电控单元支持的 DTC 状态可用掩码为 7F（即支持 DTC 状态字节的位 6～0），DTC 格式为 ISO 14229 格式，电控单元当前测试失败的 DTC 数量为 2
请求：19 02 01	读取 DTC 信息服务请求：读取电控单元当前测试完成并测试失败的 DTC 的信息

（续）

诊断请求与响应（hex）	诊断报文分析
响应：59 02 11 22 33 61 44 55 66 41	读取 DTC 信息服务响应：积极响应，电控单元当前测试完成且测试失败的 DTC 有 2 个："112233" 和 "445566"，其 DTC 状态字节分别为 "61" 和 "41"
请求：19 04 11 22 33 01	读取 DTC 信息服务请求：读取 DTC 为 "112233" 的故障码的全局快照数据
响应：59 04 11 22 33 61 01 00 11 12 13 14 15 16 17 18 19 1A	读取 DTC 信息服务响应：积极响应，电控单元回复 DTC "112233" 的信息；DTC 的状态信息为 "61"；"01 00" 表示全局快照，快照记录数据标识符编号没有定义；全局快照信息为 10B 的数据 "11，…，1A"
请求：19 06 11 22 33 01	读取 DTC 信息服务请求：读取 DTC 为 "112233" 的故障码的扩展数据
响应：59 06 11 22 33 61 01 11 22 33 44	读取 DTC 信息服务响应：积极响应，电控单元回复 DTC "112233" 的信息；DTC 的状态信息为 "61"；"01" 表示指定的扩展数据记录编号；扩展数据为 4B "11 22 33 44"
请求：19 0A	读取 DTC 信息服务请求：读取电控单元支持的 DTC 信息
响应：59 0A 7F 11 22 33 61 44 55 66 41 77 88 99 61 AA BB CC 41	读取 DTC 信息服务响应：积极响应，电控单元报告支持的所有 4 个 DTC 信息，DTC 112233 的状态字节为 "61"；DTC 445566 的状态字节为 "41"；DTC 778899 的状态字节为 "61"；DTC AABBCC 的状态字节为 "41"
请求：2F 01 01 03 40 00	输入输出控制服务请求：短时调整，将 DID 为 0101 标识的 PWM 通道的占空比输出调整为 50%（0x4000 代表 50% 的占空比）
响应：6F 01 01 03 80 00	输入输出控制服务响应：积极响应，当前占空比状态位 100%（0x8000 代表 100% 的占空比）
请求：31 01 FF 01	例程控制服务请求：请求激活检查编程依赖性例程
响应：71 01 FF 01	例程控制服务响应：积极响应
请求：31 03 FF 01	例程控制服务请求：请求检查编程依赖性例程的结果
响应：71 03 FF 01 01	例程控制服务响应：积极响应，最后一个字节 "01" 表示检查编程依赖性通过
请求：31 01 FF 00	例程控制服务请求：请求激活擦除内存例程
响应：71 01 FF 00	例程控制服务响应：积极响应
请求：31 03 FF 00	例程控制服务请求：请求擦除内存例程的结果
响应：7F 31 78	例程控制服务响应：带 78 响应码的消极响应；电控单元执行擦除内存服务没有完成

（续）

诊断请求与响应（hex）	诊断报文分析
⋮	
响应：7F 31 78	例程控制服务响应：带 78 响应码的消极响应；电控单元执行擦除内存服务没有完成
响应：71 03 FF 00 01	例程控制服务响应：电控单元擦除内存服务执行完成，返回例程执行的结果
请求：34 00 44 80 00 00 00 00 80 00 00	请求下载服务请求：表示不采用压缩算法和加密算法；请求下载的地址和大小均用 4 个字节表示；请求下载的起始地址为"80000000"；请求下载的大小为"00800000"
响应：74 20 00 8C	请求下载服务响应：数据块最大长度参数的长度为 2B（"008C"代表最大数据块长度包含下载的数据记录和诊断协议的数据一共 140B）
请求：36 28 01 02 03 … 8A	传输数据服务请求：传输块序号为"28"的块数据（"01"～"8A"共 138B 的数据记录）
响应：76 28	传输数据服务响应：积极响应，返回相同的块序号"28"
请求：37 01	请求退出传输服务请求：请求电控单元退出数据传输，01 为车辆制造商定义的代码，表示请求返回数据块的 CRC 校验值
响应：77 01 5A 8C 60 23	请求退出传输服务响应：积极响应，电控单元对下载的数据块进行 CRC 校验，返回带有 CRC 校验的结果（"5A8C6023"表示 CRC 值）；客户端将返回的 CRC 和自身的 CRC 进行对比，CRC 相同则表示数据一致性校验通过

提升篇

第 8 章

基于 UDS 的 BootLoader

由于工艺和安装环境的要求,车辆 ECU 需要在线升级和在线调试,即便是仅使用 LIN 总线通信的低成本 ECU,也被车辆制造商要求满足这一需求。在线升级和在线调试为 ECU 升级和维护带来了巨大的方便,极大节约了维护成本。以 UDS 协议为基础的通信技术使车辆制造商可以统一管理车载 ECU 的软件升级,目前正在迅速发展的 OTA 技术也是基于 UDS 通信的。

本章以车辆 ECU 软件升级为背景,介绍 UDS 在 ECU 软件升级过程中的应用。同时,本章既是对前面章节中 UDS 协议应用的补充,也可为初次接触 BootLoader 设计的读者提供设计参考。

8.1　BootLoader 介绍

BootLoader 即引导加载程序,是为 ECU 提供运行环境初始化和应用数据更新功能的软件。BootLoader 程序一般包含 UDS 通信协议的实现,闪存的读写和程序跳转处理等功能。一般微控制器(MCU)中包含芯片制造商的 BOOT 程序,但该 BOOT 程序用户无法访问,用户设计的 BootLoader 仅能作为 MCU 的二级 BOOT 程序。图 8-1 所示为两种 BootLoader 设计方式。

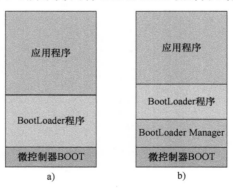

图 8-1　两种 BootLoader 设计方式

其中，图 8-1a 中用户 BootLoader 只有一级；图 8-1b 中设计了二级 Boot-Loader，其中"BootLoader Manager"为第一级 BootLoader 程序，BootLoader Manager 程序可用于更新第二级 BootLoader 程序；第二级 BootLoader 程序可用于更新应用程序。二级 BootLoader 程序的设计方式相较于仅包含一级 Boot-Loader 程序的设计复杂得多，特别是程序跳转的处理。

8.2 BootLoader 机制介绍

BootLoader 机制主要描述 MCU 启动时序和 ECU 软件诊断会话模式的切换机制。设计引导加载程序时需要考虑不同芯片的启动要求。本节假设 ECU 均采用仅包含一级用户 BootLoader 和应用程序的设计方案。

1. MCU 启动时序

电控单元上电或复位后，MCU 首先执行芯片厂商的 BOOT 程序，在开始执行用户程序后总是首先执行 BootLoader 程序。BootLoader 程序根据跳转条件，判断是否跳转到应用程序处运行，如图 8-2 所示。

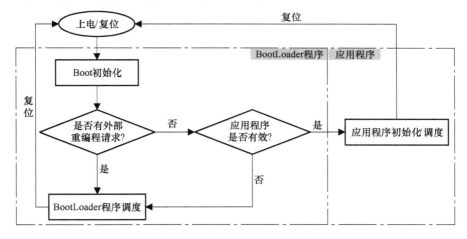

图 8-2　MCU 启动时序

BootLoader 程序会初始化运行的基本模块，如前面章节中介绍的最小系统等。初始化完成后，BootLoader 程序会检查外部重编程请求（重编程请求通常为通过应用程序写在非易失性存储器中的标识），如果重编程请求判断有效，MCU 会持续运行 BootLoader 程序。MCU 检查重编程请求有效后，需要清除非易失性存储器（根据存储位置，也可是易失性存储器）中的重编程请求标识，同时切换到编程模式，并主动回复在应用程序中接收到的请求进入编程模式服务的响应。

如果没有外部编程请求，BootLoader 程序会检查应用程序是否有效，如果应用程序无效，MCU 停留在 BootLoader 程序中运行；如果应用程序有效，MCU 会跳转到应用程序的起始启动地址处执行应用程序代码。

2. 诊断会话模式切换机制

图 8-3 所示为一种 ECU 软件的诊断会话模式切换机制，不同车辆制造商在切换机制的实现上有所不同，同时本节仅体现 BootLoader 机制下的模式切换。

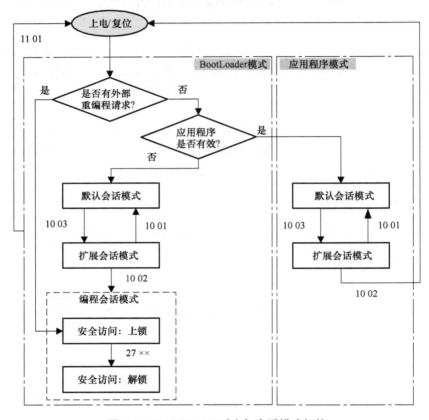

图 8-3　BootLoader 时序与会话模式切换

应用程序与 BootLoader 程序在实现编程会话模式有所不同，应用程序在接收到编程诊断会话请求后会执行复位，因此应用程序不支持编程诊断会话模式。通常，进入编程会话模式需要从扩展会话模式切换，ECU 也不支持直接从编程会话模式切换到扩展会话模式。

在应用程序运行时接收到"10 02"编程会话模式请求后，ECU 将重编程请求标识符置为有效，并复位。

ECU 复位后，启动时序见"MCU 启动时序"小节的描述。

在 BootLoader 模式下，ECU 首先检查重编程请求标识符，如果有效，则不会进行跳转判断，ECU 会一直运行 BootLoader 程序，并直接切换到编程会话模式。在编程会话模式下，由客户端进行安全认证解锁后即可进行软件升级流程。

在 BootLoader 模式下，如果没有重编程请求，并且应用程序无效的情况下，ECU 仍会一直运行 BootLoader 程序。此时，当 ECU 接收到重编程请求后，BootLoader 程序会进行模式切换，并根据客户端的命令进行软件升级。

8.3 BootLoader 的一般要求

BootLoader 程序的主要功能是软件升级，因此其一般要求主要围绕电控单元软件刷写的安全性与稳定性展开，这些细则可作为 BootLoader 软件开发的基本要求。然而，不同车辆制造商的软件刷写要求并不相同，希望读者在理解这些要求的基础上举一反三。

8.3.1 通信要求

电控单元基于 UDS 通信进行软件刷写时，诊断通信报文的数据域长度一般固定为 8B。无效的字节以车辆制造商要求的字符填充，如填充 0x55 或 0xAA，以减少 CAN 通信时的位填充。

电控单元应遵守车辆制造定义的网络层定时参数和诊断会话层的定时要求进行网络层的配置。

为提高软件刷写过程的数据传输效率，减少通信过程中客户端和服务器的请求和应答交互频次，电控单元的 BootLoader 程序流控参数的设置对性能的要求比较高，见表 8-1。

表 8-1 电控单元的 BootLoader 程序流控参数设置

参数	设置值	目 的
BS	0	减少流控应答的频次
STmin	0	减少连续帧传输的时间
N_WFTmax	0	减少流控等待

8.3.2 安全要求

电控单元在软件刷新过程中需要校验刷写软件的合法性和刷写条件的安全性，以确保电控单元在安全的条件下进行有效的升级。

电控单元需要支持安全访问，软件编程功能需要在安全访问通过后才能激活，以确保软件刷写得到授权。

电控单元在软件升级的过程中若遇到电源供电异常和 CAN 通信异常等情况仍需保持软件升级能力。

电控单元应确保在合法授权的前提下更新软件。在更新了软件后，电控单元仍具备再升级的能力。

电控单元应对软件有效性进行校验，在数据校验或其他检查项目未通过时，不运行应用软件，以防止意外情况发生。

电控单元在进行软件升级时，应通过软件数据下载服务将闪存（Flash）驱动下载到随机存储器（RAM），以避免电控单元中的闪存驱动意外触发。

8.4 BootLoader 详细流程

ISO 15765-3 标准介绍了 ECU 重编程相关的知识。基于 UDS 的 ECU 重编程流程一般分为 Pre-Programming、Programming、Post-Programming 三个阶段。除此三个阶段外，在 ECU 重编程过程中，测试仪（Tester）将以固定时间间隔通过功能寻址发送诊断仪在线的请求（并且设置抑制积极响应指示位为 "1"），使网络上所有 ECU 保持会话模式直至重编程结束。

8.4.1 Pre-Programming 阶段

Pre-Programming 阶段是 ECU 进行重编程的准备。该阶段的主要目的是提高重编程阶段网络通信的稳定性，避免重编程阶段 ECU 报告非预期的故障和读取车辆数据供重编程前校验等。

图 8-4 所示为 Pre-Programming 阶段的 UDS 命令流。其中：

1）测试仪通过功能寻址方式发送诊断会话控制请求，请求网络上的所有 ECU 进入扩展会话模式。该命令为后面其他功能寻址请求做准备。

2）测试仪通过物理寻址方式发送通过标识符读数据的请求，读取 ECU 的特定数据，这些数据可以是版本号等数据，也可以是其他车辆信息。测试仪可以通过读取到的数据进行重编程前的校验。

3）测试仪通过物理寻址方式发送例程控制请求，请求 ECU 进行重编程条件检查。重编程的条件通常由零部件制造商和车辆制造商共同确定。

4）测试仪通过功能寻址方式发送控制 DTC 设置请求，请求网络上所有 ECU 关闭 DTC 设置。该步骤的目的是防止由 ECU 在重编程时的记录导致的故障。

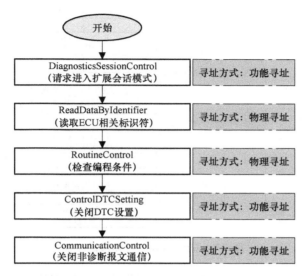

图 8-4　Pre-Programming 阶段的 UDS 命令流

5）测试仪通过功能寻址方式发送通信控制请求，请求网络上所有 ECU 关闭非诊断报文的通信，这使得在 ECU 重编程期间，网络上仅有测试仪和 ECU 之间的诊断通信，以保证重编程过程中通信的稳定性。

8.4.2　Programming 阶段

Programming 阶段用于下载应用数据。应用数据一般是应用程序、闪存驱动程序或标定数据。

Programming 阶段均为测试仪和目标 ECU 之间的通信，因此所有命令都使用物理寻址方式。图 8-5 所示为 Programming 阶段的流程，该流程仅下载闪存驱动和应用程序数据，其中：

1）测试仪发送进入编程会话模式的请求，如果 ECU 处于应用程序模式，则会设置外部编程请求标识，然后复位 ECU，ECU 将重启进入 BootLoader 模式运行；如果 ECU 处于 BootLoader 模式，则直接切换到编程会话模式。

2）测试仪发送安全访问请求，ECU 将解锁 BootLoader 安全级别。

3）测试仪发送通过 DID 写数据的请求，向 ECU 写入指纹、日期等信息。

4）测试仪通过发送请求下载、传输数据、请求退出传输的请求，将 ECU 的闪存驱动程序下载到 RAM 区域执行。ECU 下载数据时，将循环使用传输数据请求将所有数据下载到 ECU。

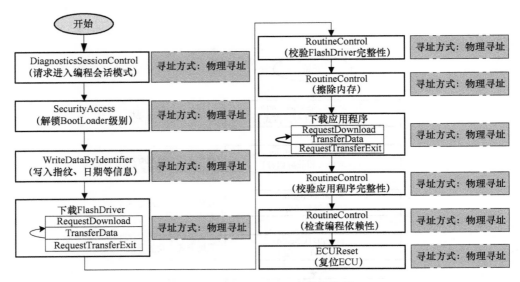

图 8-5　Programming 阶段的流程

5）闪存驱动程序下载完毕后，测试仪发送例程控制请求，校验闪存驱动的完整性。

6）开始下载应用程序之前，测试仪先发送擦除内存的例程控制请求，BootLoader 程序将根据请求的范围进行内存擦除。

7）与下载闪存驱动程序一样，测试仪通过发送请求下载、传输数据、请求退出传输等命令来下载应用程序。

8）应用程序下载完毕后，测试仪发送例程控制请求，请求校验应用程序完整性。

9）下载应用程序的最后一个步骤是检查编程依赖性，测试仪发送检查编程依赖性的例程控制请求，BootLoader 程序执行编程依赖性检查，检查通过后，程序将会设置相关标识符。该标识符也是 BootLoader 跳转的关键条件之一。

10）应用程序下载步骤完成后，测试仪发送 ECU 复位的请求。ECU 将复位重启。

Programming 阶段中，任何一个步骤失败都将终止程序的下载。

8.4.3　Post-Programming 阶段

Post-Programming 阶段主要用于 ECU 软件重编程成功后总线网络的同步设置，因为在 Pre-Programming 阶段，测试仪将网络状态设置为关闭状态。

图 8-6 所示为 Post-Programming 阶段的流程，其中：

1）测试仪通过功能寻址方式发送进入扩展诊断会话模式请求，总线上所有

ECU 都切换到扩展诊断会话模式。

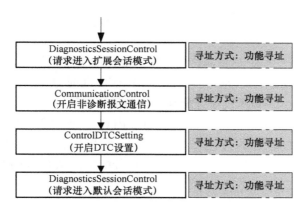

图 8-6　Post-Programming 阶段的流程

2）测试仪通过功能寻址方式发送开启非诊断报文通信的请求，使在 Pre-Programming 阶段关闭的非诊断报文通信恢复通信。

3）测试仪通过功能寻址方式发送开启 DTC 设置的请求，使在 Pre-Programming 阶段关闭的 DTC 设置为开启。

4）测试仪通过功能寻址方式发送进入默认会话模式的请求，使网络上所有 ECU 恢复到默认会话模式。

8.5　BootLoader 软件架构与实现

本书前面章节已经介绍了 UDS 软件架构，基于 UDS 的 BootLoader 软件也是以此为基础实现的，不同的是 BootLoader 软件实现了闪存重编程流程和应用程序跳转功能。本节重点介绍基于 S32K144 芯片的 BootLoader 设计要点。

8.5.1　最小系统和基本模块

与通用 UDS 软件架构相同，BootLoader 软件亦需要支持软件运行的最小系统、CAN 总线通信和诊断协议栈（ISO 15765/ISO 14229），及闪存驱动程序。

重编程主要由诊断层的 0x31、0x34、0x36、0x37 等服务完成，重编程步骤可参考介绍 BootLoader 流程章节的描述。

BootLoader 程序还应保证其任务调度器在所有跳转条件都满足的情况下运行一段时间，通常设置为 10ms 左右，以保证软件升级的安全性。

8.5.2　内存分配

内存分配包含闪存分配和 RAM 分配，需要给 BootLoader 和应用程序分配合适的存储空间以供其运行。

MCU 启动用户程序时通常首先跳转到复位向量所在的位置，复位向量存储了用户程序的启动地址。因此，为保证 MCU 启动时总是首先执行 BootLoader 程序，需要将 BootLoader 程序分配到复位向量所在的区域。

图 8-7 所示为 S32K144 芯片的 P-Flash 内存分配，S32K144 共有 512KB 大小的 P-Flash 供存储代码。其中，BootLoader 程序内存分配空间从 0x00000000 开始，分配大小为 80KB；应用程序的内存分配空间从 0x00014000 开始，分配大小为 432KB。

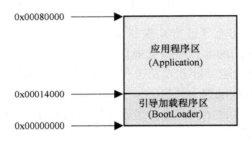

0x00080000

应用程序区
(Application)

0x00014000

引导加载程序区
(BootLoader)

0x00000000

图 8-7　P-Flash 内存分配示意

图 8-8 和图 8-9 所示为 BootLoader 程序和应用程序的内存分配细节，这些设置通过软件代码中的链接文件实现。

```
MEMORY
{
    /* Flash */
    m_interrupts      (RX) : ORIGIN = 0x00000000, LENGTH = 0x00000400
    m_flash_config    (RX) : ORIGIN = 0x00000400, LENGTH = 0x00000010
    m_text            (RX) : ORIGIN = 0x00000410, LENGTH = 0x00013BF0

    /* SRAM_L */
    m_flash_api       (RW) : ORIGIN = 0x1FFF8000, LENGTH = 0x00000800
    m_data            (RW) : ORIGIN = 0x1FFF8800, LENGTH = 0x00007800
    /* SRAM_U */
    m_data_2          (RW) : ORIGIN = 0x20000000, LENGTH = 0x00007000
}
```

图 8-8　BootLoader 程序内存分配

```
MEMORY
{
   /* m_interrupts     (RX) : ORIGIN = 0x00000000, LENGTH = 0x00000400 */
   /* m_flash_config   (RX) : ORIGIN = 0x00000400, LENGTH = 0x00000010 */

   /*APP Flash */
   m_interrupts        (RX) : ORIGIN = 0x00014200, LENGTH = 0x00000400
   m_text              (RX) : ORIGIN = 0x00014600, LENGTH = 0x0006BA00

   /* SRAM_L */
   m_data              (RW) : ORIGIN = 0x1FFF8000, LENGTH = 0x00008000

   /* SRAM_U */
   m_data_2            (RW) : ORIGIN = 0x20000000, LENGTH = 0x00007000
}
```

图 8-9   应用程序内存分配

BootLoader 不需要永久占用 RAM 区域，在 BootLoader 程序执行完毕跳转到应用程序后，RAM 区域可被应用程序使用。此时 BootLoader 程序和应用程序共享芯片的 RAM 内存。

8.5.3   中断向量表的重映射

程序从 BootLoader 跳转到应用程序后，中断向量表需要重新映射，以保证系统能正确响应应用程序设置的中断，可参考图 8-8 和图 8-9 中的 m_interrupts 段分配。

8.5.4   闪存驱动

ECU 重编程时通常要求 ECU 的闪存驱动从测试仪下载到芯片的 RAM 区域，闪存驱动提供基本的闪存擦除和编程功能。在 BootLoader 程序中需要在 RAM 区域分配一块内存供闪存驱动临时存储，可参考图 8-8 中的 m_flash_api 段分配。

8.5.5   程序跳转

根据内存分配，BootLoader 的起始地址为 0x00000000，应用程序的起始地址为 0x00014200。根据 S32K144 的启动机制，在运行用户程序时，MCU 从地址 0x00000000 处获取栈顶地址，并从地址 0x00000004 处获取 BootLoader 程序的启动地址。

在程序跳转时，BootLoader 软件从地址 0x00014204 处获取应用程序的启动地址，并跳转到启动地址执行，由此就完成了 BootLoader 向应用程序跳转。

8.6 电控单元 OTA 介绍

OTA，是 Over the Air 即空中下载技术的简称，也可称为远程升级技术。在通信和互联网领域，远程升级技术早已成熟，如日常移动终端的应用软件升级等都使用这种技术。汽车远程升级技术是随着车联网的发展而出现的，目前已有部分车辆制造商实现了这一技术。

OTA 技术分为两类，一类是固件在线升级（Firmware Over the Air，FOTA），一类是软件在线升级（Software Over the Air，SOTA）。FOTA 是针对发动机、变速器、电机及底盘等电控单元的固件升级。SOTA 是基于操作系统，更新应用程序、UI 界面、车载地图以及影音娱乐应用等。

当前，OTA 架构通常由三部分组成：OTA 云端、OTA 终端、OTA 升级。OTA 云端为车辆制造商的云端服务器，OTA 终端一般在车载 Tbox。读者可以借助相关资料了解 OTA 云端到 OTA 终端的升级过程，本节着重介绍电控单元的 OTA 技术。

与电控单元相关的 OTA 过程主要是车内总线网络中的代码 BootLoader 升级技术和代码回滚。

BootLoader 在 OTA 上的实现仍然基于前面章节介绍的软件升级流程。不过部分 OTA 过程要求电控单元能静默升级，即 OTA 过程不影响电控单元的应用软件功能，这要求电控单元能在应用程序执行时保持升级能力。

OTA 时将电控单元分为两类，一类电控单元不需要代码备份，适用于功能单一的低成本执行器，另一类需要电控单元支持代码备份。支持代码备份的电控单元需要更大的存储空间同时存储两份软件，这种代码回滚方式通常被称为 A/B 交换。

A/B 交换方案的实现有多种方式，最高效的方式是基于硬件地址重映射的 A/B 交换方案，如图 8-10 所示。

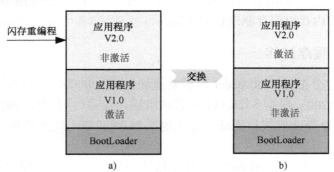

图 8-10　基于硬件地址重映射的 A/B 交换示意

　　图 8-10a 中 ECU 激活的应用软件版本为 V1.0，通过 BootLoader 重编程后将新的应用软件下载到另一个分区，软件版本为 V2.0。图 8-10b 中当 ECU 复位或重新上电运行后，A/B 交换生效，激活 V2.0 版的应用软件。

　　在 S32K1x 系列中，S32K146 可以实现 A/B 分区方案，其有 1MB 的程序存储空间，有两个各 512KB 的读取分区。双 P-Flash 读取分区允许擦除及写入其中一个分区，同时读取另一个分区或从那里执行代码，从而实现软件静默升级。

第 **9** 章

通过脚本实现 UDS 客户端通信

本章重点介绍一种通过脚本语言实现的 UDS 客户端通信。客户端的通信一般是基于桌面操作系统的，本章的源代码重点在于网络层通信的实现，客户端的诊断服务可以直接基于网络层接口进行封装。

通过学习本章的内容，读者就能基于开源平台的服务器端代码和客户端代码实现 UDS 的各种相关功能，如 BootLoader 重编程流程等。

9.1　上位机和脚本编程语言

基于桌面系统的上位机和脚本编程语言大多是面向对象的编程语言。在嵌入式领域 C#（C Sharp 编程语言）和 Python 两种编程语言应用较为广泛。

C# 是微软公司发布的一种面向对象的、运行于 .NET Framework 之上的高级程序设计语言。在嵌入式领域，我们经常需要用到如串口通信等桌面应用程序，C# 的 WinForm（Windows Form）为这些桌面应用程序的开发提供了极大的便捷。C# WinForm 能使用户快速开发 Windows 窗体程序，并提供丰富的图形应用。

Python 语言是一种跨平台的解释型高级编程语言，支持面向对象设计。Python 是极简的编程语言，丰富的标准库和第三方库使 Python 能在极低的代码量下完成丰富的功能设计。在嵌入式领域，Python 非常适合作为嵌入式脚本使用。

9.2　基于 Python 语言的 UDS 脚本

Python 语言简单易懂，便于开发者快速开发。本节提供的脚本示例也是基于 Python 语言开发的，读者可以以此为基础实现更多差异化的功能。

9.2.1　PeakCAN 介绍

　　PeakCAN 是德国 PEAK-System 公司的产品。PCAN-USB 是当前市场上众多的 CAN 转 USB 接口之一。如图 9-1 所示，PCAN-USB 可以将 CAN 网络的报文通过 USB 连接到计算机，用于监控 CAN 网络；也可以发送、保存、过滤 CAN 报文。其电气隔离达到 500V。

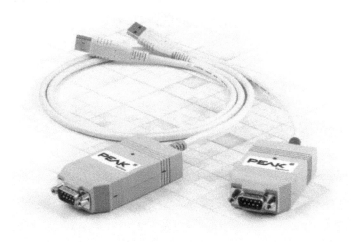

图 9-1　PCAN-USB 设备

　　PCAN-USB 广泛应用于汽车、工业、医疗和其他行业，用于 CAN 总线监控、CAN 总线测试与分析、CAN 总线仿真、ECU 刷写等方面。PEAK-System 公司也提供了免费的编程接口 PCAN-Basic API，提供了 C#、C++/MFC、C++/CLR、C++_Builder、Delphi、VB.NET、Java 以及 Python 等语言的例程，方便开发者进行二次开发。

9.2.2　PeakCAN 二次开发介绍

　　PEAK-System 公司提供的免费编程接口 PCAN-Basic API 适用多种开发平台，它包括应用程序与 PCAN PC 硬件进行通信所需的所有功能。

　　PCAN-Basic 由实际的设备驱动程序和提供 API 函数的接口 DLL 组成。在基于 PCAN-Basic 进行二次开发时，仅需要到 PEAK-System 公司官方网站下载最新的接口文件即可。如使用 Python 语言进行开发，只需将二次开发包的 PCANBasic.dll 文件和 PCANBasic.py 文件移植到项目中即可。

　　PCANBasic.dll 文件是包含 PCAN-USB 设备所有操作的动态链接库，内置设备启动、关闭、消息发送和接收等接口。

　　PCANBasic.py 文件是用户接口文件，包含了设备信息和通信信息相关的定义，并封装了通用的接口供用户调用。使用 PCANBasic.py 文件，用户无需处理动态链接库等细节即可直接操作 PCAN-USB 设备。

9.2.3　基于 Python 语言实现 UDS 通信

　　本小节包含基于 Python 编程语言的脚本和 PCAN-USB 的设置。该程序可实现 UDS 通信功能，请参考如下程序清单：

```python
# peakcan_uds.py 文件

import sys
import time
import threading
from enum import Enum
from ctypes import *
from LIB.PCANBasic import *

class UdsFrame:
    # UDS 消息帧：请求 ID，响应 ID，以及帧类型（标准帧或扩展帧）

    RequestId = 0x00000000
    ResponseId = 0x00000000
    ExtFrameType = True

class UdsData:
    # UDS 请求数据和响应数据定义（只包含诊断层的数据）

    RequestData = []
    RespondData = []

class UdsSessionPara:
    # UDS 通信相关的参数定义

    FlowStatus = 0
    BlockSize = 0
    STmin = 0
    Key = []
    Seed = []
    maxNumberOfBlockLength = 0
```

```python
class UdsRespType(Enum):
    # UDS 通信状态反馈

    UDS_RESP_TIMEOUT = 0
    UDS_RESP_POSITIVE = 1
    UDS_RESP_NEGATIVE = 2


class UdsRxThread(threading.Thread):
    # 重定义一个消息接收线程，调用接收函数，并处理 UDS 反馈信息

    def __init__(self, UdsMothodToRun, threadID, name):
        threading.Thread.__init__(self)
        self.runmethod = UdsMothodToRun
        self.threadID = threadID
        self.name = name
    def run(self):
        print("Thread start：" + self.name)
        self.runmethod()
        print("Thread exit: " + self.name)
    def stop(self):
        pass


class UDS:
    # 定义 UDS 通信主要功能，包含初始化、网络层多包信息传输等

    def __init__(self, UdsFramePara_Obj = UdsFrame(), CanHw_Obj = PCANBasic()):
        # 初始化用户参数

        self.__create()

        self.__UdsFrame_Obj.RequestId = UdsFramePara_Obj.RequestId
        self.__UdsFrame_Obj.ResponseId = UdsFramePara_Obj.ResponseId
        self.__UdsFrame_Obj.ExtFrameType = UdsFramePara_Obj.ExtFrameType

        self.__CanHareware_Obj = CanHw_Obj
        self.__RxThreadRunning = False
        return

    def __create(self):
        self.__UdsFrame_Obj = UdsFrame()
        self.__UdsData_Obj = UdsData()
        self.__ThreadEvent_Obj = threading.Event()
```

```python
        self.__UdsSessionPara_Obj = UdsSessionPara()
        self.__CanHareware_Obj = None
        self.__RxThreadRunning = False
        self.__RxTh_Obj = UdsRxThread(self.__UdsCommunicationRxThread, 1,
"UDS Rx (user thread)")

    def GetUdsData(self):
        # 返回诊断层请求数据和响应数据
        return self.__UdsData_Obj

    def GetUdsSessionPara(self):
        # 返回通信参数
        return self.__UdsSessionPara_Obj

    def __SendOneFrame(self, Data = []):
        # 调用 PCAN-USB 设备发送一帧 CAN 报文

        MsgId = self.__UdsFrame_Obj.RequestId

        frame = TPCANMsg()
        frame.ID = self.__UdsFrame_Obj.RequestId
        if self.__UdsFrame_Obj.ExtFrameType = = True:
            frame.MSGTYPE = PCAN_MESSAGE_EXTENDED
        else:
            frame.MSGTYPE = PCAN_MESSAGE_STANDARD
        frame.LEN = 8

        for i in range(8):
            frame.DATA[i] = (c_ubyte)(Data[i])

        status = self.__CanHareware_Obj.Write(PCAN_USBBUS1,frame)

        return status

    def __SendSingleFrame(self, Data = []):
        # 发送一个单帧报文

        TempData = []

        if len(Data) <= 7:
            TempData = self.__SingleFrameDataPack(Data)
```

```python
        self.__SendOneFrame(TempData)
    else:
        print("Error Wrong data length...")

    return

def __SendData(self, Data=[]):
    # 发送 UDS 数据接口，包含单帧传输和多帧传输

    ScrDataLen = len(Data)
    SendFrameCounter = 0;

    if ScrDataLen <= 7:
        # send single frame
        presendData = Data
        self.__SendSingleFrame(presendData)

        return True
    else:
        # data pack
        (frameAmount, presendData) = self.__MultipleFrameDataPack(Data)

        # send FF frame first
        self.__SendOneFrame(presendData[SendFrameCounter])
        SendFrameCounter +=1

        if self.__ThreadEvent_Obj.wait(500/1000) is False:
            # timeout
            return False
        else:
            self.__ThreadEvent_Obj.clear()
            SendBS = frameAmount-SendFrameCounter;
            # received FC Frame
            while SendFrameCounter < frameAmount:

                # BS != 0
                if self.__UdsSessionPara_Obj.BlockSize != 0:
                    if (frameAmount-SendFrameCounter) <
self.__UdsSessionPara_Obj.BlockSize:
                        SendBS = frameAmount - SendFrameCounter
                    else:
                        SendBS = self.__UdsSessionPara_Obj.BlockSize
```

```
                else:
                    pass
                # send CF frame (frame count:SendBS)
                for idx in range(SendBS):
                    self.__SendOneFrame(presendData[SendFrameCounter])
                    SendFrameCounter += 1
                    # delay STmin(ms)
                    if (self.__UdsSessionPara_Obj.STmin >= 0 ) and
(self.__UdsSessionPara_Obj.STmin <= 0x7F ):
                        time.sleep(self.__UdsSessionPara_Obj.STmin/1000)
                    # delay STmin(us)
                    elif (self.__UdsSessionPara_Obj.STmin >= 0xF1) and
(self.__UdsSessionPara_Obj.STmin <= 0xF9):
                        tempTime = self.__UdsSessionPara_Obj.STmin-0xF0
                        time.sleep(tempTime / (10 ** 4))
                    else:
                    # delay 127ms when STmin is resevered value
                        time.sleep(127/1000)

                if SendFrameCounter != frameAmount:
                    if self.__ThreadEvent_Obj.wait(500/1000) is False:
                        # timeout
                        return False
                    else:
                        self.__ThreadEvent_Obj.clear()
                else:
                    pass
        pass
    return True


    def SendCmd(self, Data=[]):
        # 用户发送诊断数据接口，在初始化后使用
        # 首先调用诊断数据发送接口传输单帧 / 多帧数据，然后根据接收到的反馈处理部分诊断
应用层参数

        self.__UdsData_Obj.RequestData = Data
        status = self.__SendData(Data)

        if status is True:
            # do not need wait response
            if self.__UdsData_Obj.RequestData[0] != 0x3E:
```

```python
                # wait response here
                if self.__ThreadEvent_Obj.wait(5) is True:
                    self.__ThreadEvent_Obj.clear()
                    # positive response
                    if self.__UdsData_Obj.RespondData[0] == (self.__Uds-
Data_Obj.RequestData[0] + 0x40):
                        # get seed
                        if (self.__UdsData_Obj.RequestData[0]) == 0x27 and
(self.__UdsData_Obj.RequestData[1] == 0x01):
                            # received seed
                            for i in range(len(self.__UdsData_Obj.Respond-
Data) - 2):
self.__UdsSessionPara_Obj.Seed.append(self.__UdsData_Obj.RespondData[i])
                        else:
                            pass

                        # get maxNumberOfBlockLength
                        if self.__UdsData_Obj.RequestData[0] == 0x34:
                            lengthFormatIdentifier = ((self.__UdsData_Obj.
RespondData[1] & 0xF0) >> 4)
                            maxNumberOfBlockLength = 0;
                            for i in range(lengthFormatIdentifier):
                                temData = (self.__UdsData_Obj.
RespondData[i + 2] << ((lengthFormatIdentifier - 1 - i)*8))
                                maxNumberOfBlockLength += temData
                            self.__UdsSessionPara_Obj.maxNumberOfBlock-
Length = maxNumberOfBlockLength
                        else:
                            pass

                        # return positive response
                        return UdsRespType.UDS_RESP_POSITIVE

                    elif self.__UdsData_Obj.RespondData[0] == 0x7F:
                        # return negative response
                        return UdsRespType.UDS_RESP_NEGATIVE
                else:
                    # return timeout
                    return UdsRespType.UDS_RESP_TIMEOUT
            else:
                return
        else:
```

```
                # return timeout
                return UdsRespType.UDS_RESP_TIMEOUT


    def RxThreadStart(self):
        # 启动消息接收线程

        self.__RxThreadRunning = True
        self.__RxTh_Obj.start()
        return

    def RxThreadStop(self):
        # 关闭消息接收线程

        self.__RxThreadRunning = False
        self.__RxTh_Obj.stop()

    def __UdsCommunicationRxThread(self):
        # UDS 通信接收处理，在多线程中执行，使用 threading.Event 和主线程进行同步

        ResponseFrameLength = 0
        ResponseData = []
        ResponseDataCount = 0
        expectCFSerialNumber = 0
        while self.__RxThreadRunning:
            (res,msg,timestamp) = self.__CanHareware_Obj.Read(PCAN_USBBUS1)
            if (PCAN_ERROR_OK = = res) and (msg.ID = = self.__UdsFrame_
Obj.ResponseId):
                    TempData = msg.DATA
                    FrameType = (TempData[0] & 0xF0)
                    # received FC frame
                    if FrameType = = 0x30:
                        self.__UdsSessionPara_Obj.FlowStatus = (TempData[0]&0x0F)
                        self.__UdsSessionPara_Obj.BlockSize = TempData[1]
                        self.__UdsSessionPara_Obj.STmin = TempData[2]
                        # if FS=CTS(0x0), notify to continue to send CF
                        if self.__UdsSessionPara_Obj.FlowStatus = = 0:
                            # FS=CTS(0x0),continue to send CF
                            self.__ThreadEvent_Obj.set()
                    # received FF frame
                    elif FrameType = = 0x10:
                        # get frame length
```

```python
        ResponseFrameLength = ((TempData[0] & 0x0F) << 8)|TempData[1]
        # create a buffer to store response data
        ResponseData = []
        ResponseDataCount = 0
        # get first 6bytes response data
        for idx in range(6):
            ResponseData.append(TempData[idx + 2])
        # increase counter which present response data
        ResponseDataCount += 6
        # set expect CFserialNumber to 1
        expectCFSerialNumber = 1
        # send FC frame
        SendData = [0x30, 0x00, 0x00, 0x00, 0x00, 0x00, 0x00, 0x00]
        self.__SendOneFrame(SendData)
    # received CF frame
    elif FrameType = = 0x20:
        # check if serial number of CF matched
        if (expectCFSerialNumber % 16) = = (0x0F & TempData[0]):
            tempvalidlength = ResponseFrameLength-ResponseDataCount
            if tempvalidlength < 7:
                pass
            else:
                tempvalidlength = 7

            for jdx in range(tempvalidlength):
                ResponseData.append(TempData[jdx + 1])
            # set new expect serial number(0-F)
            expectCFSerialNumber += 1
            expectCFSerialNumber &= 0xF
            # update counter of response data
            ResponseDataCount += tempvalidlength

            # all data have received
            if ResponseDataCount >= ResponseFrameLength:

                if ResponseData[0] = = self.__UdsData_Obj.Re-
questData[0] +0x40:
                    # set response data
                    self.__UdsData_Obj.RespondData = ResponseData
                    # notify to process response data
                    self.__ThreadEvent_Obj.set()
                else:
```

```
                            pass
                  else:
                        pass
            else:
                  pass
      # received SF frame
      elif FrameType = = 0x00:
            # get SF frame data length
            tempvalidlength = TempData[0] & 0x0F
            # get response data
            ResponseData = []
            for mdx in range(tempvalidlength):
                  ResponseData.append(TempData[mdx + 1])
            # positive response
            if ResponseData[0] = = self.__UdsData_Obj.RequestData[0]+0x40:
                  # set response data
                  self.__UdsData_Obj.RespondData = ResponseData
                  # notify to process response data
                  self.__ThreadEvent_Obj.set()
            # negative response
            elif ResponseData[0] = = 0x7F:
                  # pending response
                  if ResponseData[2] = = 0x78:
                        print( "-->Received pending response..." )
                        # do nothing here
                  # negative response
                  else:
                        # set response data
                        self.__UdsData_Obj.RespondData = ResponseData
                        # notify to process response data
                        self.__ThreadEvent_Obj.set()
            else:
                  pass
      else:
            pass

def __SingleFrameDataPack(self, Data=[]):
      # 将诊断数据打包成网络层单帧报文

      RetData = []
      RetData.append(len(Data))
      for i in Data:
```

```python
            RetData.append(i)

        for j in range(8-(len(Data) + 1)):
            RetData.append(0x00)

        return RetData

    def __frameAmount(self, Data=[]):
        # 多帧数据时获取多帧数据帧的计数

        RetAmount = 0

        if ((len(Data) + 1) % 7) == 0:
            RetAmount = (len(Data) + 1)//7
        else:
            RetAmount = (len(Data) + 1)//7 + 1

        return RetAmount

    def __MultipleFrameDataPack(self, Data=[]):
        # 将诊断数据打包成网络层的多帧传输报文

        RetData = []
        SerachIndex = 0
        scrLen = len(Data)
        amount = self.__frameAmount(Data)

        for i in range(amount):
            tempData = []
            if i == 0:
                lenHighByte = (scrLen >> 8) & 0xF
                lenLowByte = (scrLen & 0xFF)
                tempData.append(0x10 | lenHighByte)
                tempData.append(lenLowByte)
                for j in range(6):
                    tempData.append(Data[SerachIndex])
                    SerachIndex += 1
            else:
                serialnum = (i % 16)
                tempData.append(0x20 | serialnum)
                for k in range(7):
                    tempData.append(Data[SerachIndex])
```

```
                        SerachIndex += 1
                        if SerachIndex > (scrLen - 1):
                            break
                if len(tempData) < 8:
                    for m in range(8 - len(tempData)):
                        tempData.append(0x00)


        RetData.append(tempData)

    return amount,RetData

if __name__ == = "__main__":

    # 创建 HwObject 对象
    HwObject = PCANBasic()

    # 创建 DiagMsgObject 对象，并设置通信参数
    DiagMsgObject = UdsFrame()
    DiagMsgObject.RequestId = 0x784
    DiagMsgObject.ResponseId = 0x7F0
    DiagMsgObject.ExtFrameType = False

    # 初始化 PCAN-USB 设备
    HwObject.Initialize(PCAN_USBBUS1,PCAN_BAUD_500K,PCAN_TYPE_ISA,0,0);

    # 创建 DiagObject 对象，并启动消息接收线程
    DiagObject = UDS(DiagMsgObject, HwObject)
    DiagObject.RxThreadStart()

    # 发送进入扩展模式的诊断请求
    DiagObject.SendCmd([0x10, 0x03])

    # 关闭消息接收线程
    DiagObject.RxThreadStop()
    time.sleep(0.01)

    # 退出 PCAN-USB 的使用
    HwObject.Uninitialize(PCAN_USBBUS1)
    sys.exit(0)
```

9.3 **通过脚本实现上位机 Flash BootLoader**

9.2 节设计了基于 Python 语言的 UDS 通信，在此基础上读者可以继续开发 Flash BootLoader 功能。Flash BootLoader 主要需要实现可烧录文件的解析和 BootLoader 重编程命令流程。

电控单元的软件经过编译后一般会生成二进制文件，这些二进制文件是最后通过 UDS 通信下载至微控制器的输入文件，因此 Flash BootLoader 脚本必须对这些二进制文件进行解析以提取出应用软件数据。这些二进制文件一般都是标准的格式，如 HEX 文件、BIN 文件、S19 文件等。读者可以查阅相关资料了解这些文件的格式，然后通过 Python 编程语言对这些文件进行解析。

前面章节介绍了 Flash BootLoader 流程，读者只需在本章实现的 UDS 通信基础上实现相关命令流即可完成 Flash BootLoader 流程。

第 10 章

UDS 测试

由于 UDS 和车辆电控单元维护以及 OTA 等息息相关，在 ECU 装车前必须进行 UDS 测试。UDS 测试判断电控单元是否符合车辆制造商的诊断规范和基于 UDS 的关键应用。本章介绍基于 Vector 系统的 UDS 测试，读者可以了解 UDS 的测试步骤。

10.1 Vector 系统介绍

Vector 是德国一家专门从事现场总线技术的研究、开发和应用的高科技公司，在 CAN 总线网络节点以及整个系统的建模、仿真等开发领域中处于领先地位。表 10-1 为 Vector 主要产品线。

表 10-1　Vector 主要产品线

产品类别	描　　述
网络及分布式系统工具	网络及分布式控制系统的设计、开发及测试工具
开放式网络工具和组件	基于 CAN 的开放式协议的软件组件
测量和标定工具	电控单元的测量和标定工具
诊断工具	汽车工业内的通用型过程导向诊断软件
网络接口	连接不同总线系统的硬件接口
嵌入式软件组件	分布式控制系统的嵌入式软件组件

10.2 基于 Vector 工具链的测试系统介绍

Vector 提供了一整套诊断流程中的诊断方法和诊断工具。图 10-1 所示为 Vector 的诊断测试方案。

CANdelaStudio 用于创建诊断数据库，根据车辆制造商的诊断规范，可以创建其数据库描述文件。该描述文件也可用于 AUTOSAR 开发架构下开发诊断协议栈。

CANoe.Diva 是 CANoe 的软件扩展，可以基于诊断数据库 CDD 或 ODX 文件，自动生成总线网络诊断测试用例和测试执行。

CANoe 是总线网络开发、仿真、测试和分析的软件，它支持从需求分析到系统集成及测试的全开发过程，功能涵盖建模、仿真、测试、诊断、通信等。

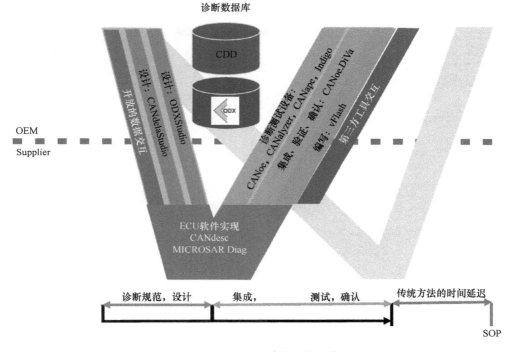

图 10-1　Vector 诊断测试方案

10.3　UDS 测试操作指导

本节介绍 UDS 测试的关键流程。关于创建诊断数据库 CDD 文件的详细步骤，读者可以自行查阅相关资料。

1）CANdelaStudio 工程介绍，如图 10-2 所示。

2）ECU information 配置，如图 10-3 所示。

3）导出 DTC 模板，如图 10-4 所示。

4）导入 DTC，如图 10-5 所示。

5）根据诊断调查表添加 DID，如图 10-6 所示。

6）添加快照信息，如图 10-7 所示。

7）Diva 工程创建，如图 10-8 所示。

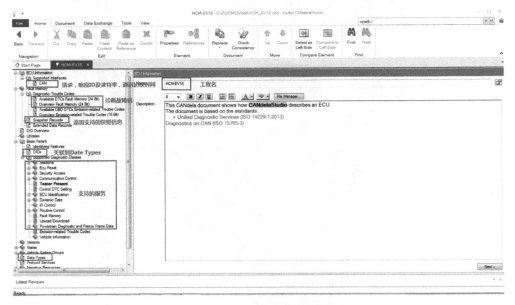

图 10-2　CANdelaStudio 工程介绍

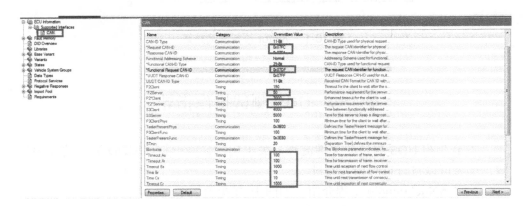

图 10-3　ECU information 配置

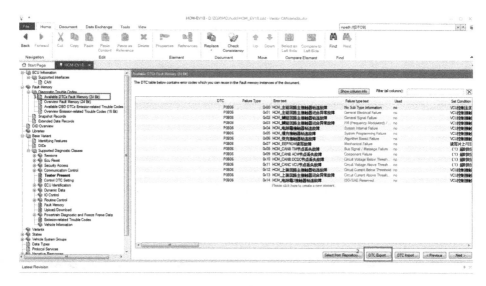

图 10-4　导出 DTC 模板

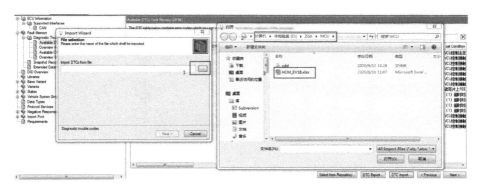

图 10-5　导入 DTC

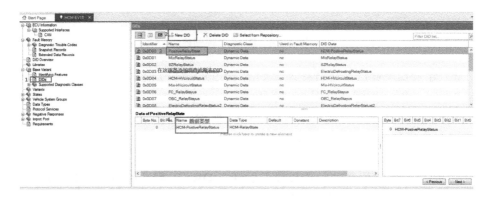

图 10-6　添加 DID

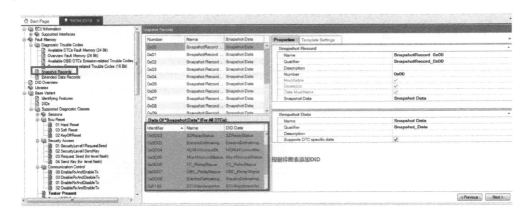

图 10-7　添加快照信息

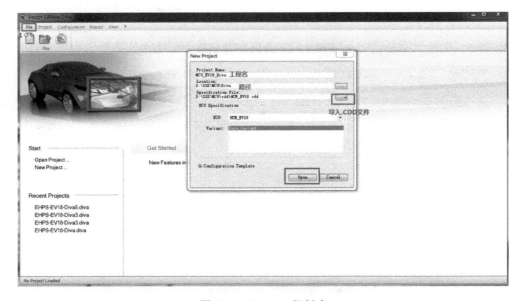

图 10-8　Diva 工程创建

8）导入安全算法动态链接库，如图 10-9 所示。

9）Diva 时间配置，如图 10-10 所示。

10）选择支持的诊断服务，如图 10-11 所示。

11）生成测试用例，如图 10-12 所示。

12）测试用例格式，如图 10-13 所示。

13）CANoe 工程新建，连接设备后导入 Diva 工程，如图 10-14 所示。

14）勾选测试用例，如图 10-15 所示。

图 10-9　导入安全算法动态链接库

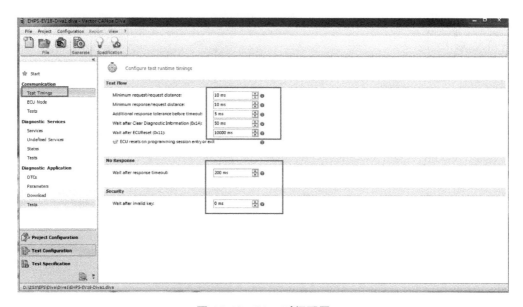

图 10-10　Diva 时间配置

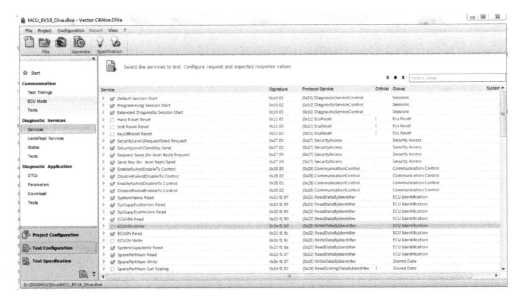

图 10-11　选择支持的诊断服务

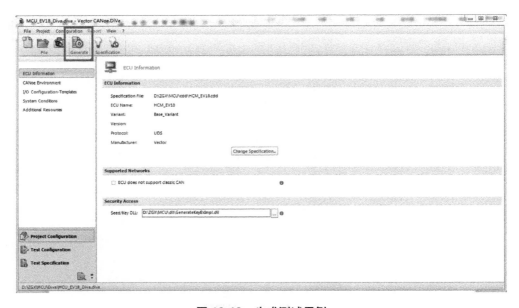

图 10-12　生成测试用例

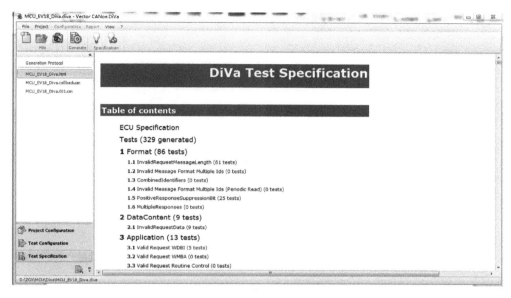

图 10-13　测试用例格式示意

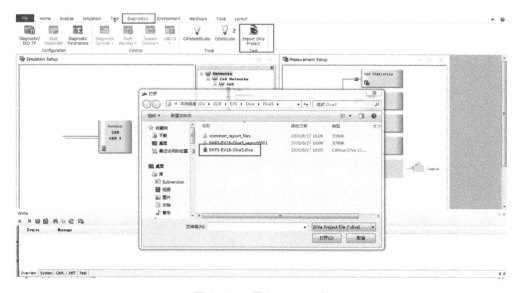

图 10-14　导入 Diva 工程

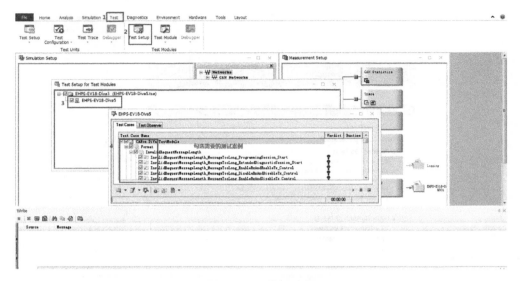

图 10-15　勾选测试用例

参 考 文 献

[1] LIN Consortium.LIN Specification Package Rev.2.2A[EB/OL]. (2010-10-01)[2023-05-17].https://www.lin-cia.org/fileadmin/microsites/lin-cia.org/resources/documents/LIN_2.2A.pdf.

[2] ISO. Controller area network (CAN): ISO 11898-1:2015[S/OL]. (2015-12-01)[2023-05-17]. https://www.iso.org/standard/63648.html.

[3] KRUGER A, KUNZ H-G, MAIER R, et al.CAN Calibration Protocol: ASAM MCD-1CCP[S/OL]. (1999-02-18)[2023-05-17]. https://www.asam.net/standards/detail/mcd-1-ccp/.

[4] ISO. Road vehicles-Communication between vehicle and external equipment for emissions-related diagnostics Part-5: Emissions-related diagnostic services: ISO 15031-5:[S]. Geneva: International Organization for Standardization, 2006.

[5] ISO. Road vehicles—Unified diagnostic services (UDS)—Part 1: Specification and requirements: ISO 14229-1:[S]. Geneva: International Organization for Standardization, 2013.

[6] ISO. Road vehicles—Diagnostics on Controller Area Networks (CAN)—Part 1: General information: ISO 15765-1:[S]. Geneva: International Organization for Standardization, 2004.

[7] ISO. Road vehicles—Diagnostics on Controller Area Networks (CAN)—Part 2: Network layer services: ISO 15765-2:[S]. Geneva: International Organization for Standardization, 2004.

[8] ISO. Road vehicles—Diagnostics on Controller Area Networks (CAN)—Part 3: Implementation of unified diagnostic services (UDS on CAN): ISO 15765-3:[S]. Geneva: International Organization for Standardization, 2004.

[9] ISO. Road vehicles—Diagnostics on Controller Area Networks (CAN)—Part 4: Requirements for emissions-related systems: ISO 15765-4:[S]. Geneva: International Organization for Standardization, 2005.

[10] ISO. Road vehicles—Unified diagnostic services (UDS) — Specification and requirements: ISO 14229:[S]. Geneva: International Organization for Standardization, 2006.

[11] 刘晓岩. 汽车电子控制技术 [M]. 北京：化学工业出版社，2009.

[12] 凌永成，于京诺. 汽车电子控制技术 [M]. 北京：中国林业出版社，2006.

[13] 彭忆强. 汽车电子及控制技术基础 [M]. 北京：机械工业出版社，2014.

[14] 宋珂，王民，单忠伟，等. AUTOSAR 规范与车用控制器软件开发 [M]. 北京：化学工业出版社，2019.

[15] 朱元, 陆科, 吴志红. 基于 AUTOSAR 规范的车用电机控制器软件开发 [M]. 上海：同济大学出版社, 2017.

[16] 罗峰, 孙泽昌. 汽车 CAN 总线系统原理、设计与应用 [M]. 北京：电子工业出版社, 2010.

[17] 陈传灿. 汽车 OBD 系统发展综述 [J]. 汽车零部件, 2016(7): 94-96.

[18] 王宜怀, 邵长星, 黄熙. 汽车电子 S32K 系列微控制器：基于 ARM Cortex-M4F 内核 [M]. 北京：电子工业出版社, 2018.